Größe und Entfernung der Planeten

	Entfernung zur Sonne	Durchmesser Ø	Jahreslänge in **Erd**tagen
Merkur	58 Mio. km	4 878 km	88 Tage
Venus	108 Mio. km	12 104 km	222 Tage
Erde	150 Mio. km	12 756 km	365 Tage
Mars	228 Mio. km	6 794 km	687 Tage
Jupiter	778 Mio. km	143 600 km	4 343 Tage
Saturn	1,4 Mrd. km	120 000 km	10 767 Tage
Uranus	2,9 Mrd. km	50 800 km	30 660 Tage
Neptun	4,5 Mrd. km	48 500 km	60 225 Tage

Größe der Planeten

Stell dir vor, wir würden den ganzen riesigen Erdball auf die Größe einer Erbse „schrumpfen". Wenn wir nun alle Planeten und die Sonne im gleichen Verhältnis „schrumpfen", so erhalten wir etwa folgende Größen:

Sonne	großer Gymnastikball (Ø 109 cm)
Merkur	Kirschkern
Venus	Erbse
Erde	Erbse
Mars	Johannisbeere
Jupiter	große Apfelsine
Saturn	kleine Apfelsine
Uranus	Mandarine
Neptun	Mandarine

Entfernung der Planeten zur Sonne
(umgerechnet)

Merkur	0,60 m
Venus	1,00 m
Erde	1,50 m
Mars	2,30 m
Jupiter	7,80 m
Saturn	14,00 m
Uranus	29,00 m
Neptun	45,00 m

ICH RECHNE MIT!

Schulbuch Klasse 4

Klaus-Peter Käding, Friedhelm Käpnick
Dieter Schmidt, Hans-Günter Senftleben

Die Bilder zeichneten
Barbara Schumann und Susann Hesselbarth

VOLK UND WISSEN

Inhalt

Entdecken von Zahlen und Formen in unserer Umwelt	4
Rechnen bis 1 000	
Die Zahlen bis 1 000	5
Addieren und Subtrahieren bis 1 000	6–8
Multiplizieren und Dividieren bis 1 000	9–10
Dividieren mit Rest	11
Aufgaben mit verschiedenen Rechenarten	12
Aufgaben mit Klammern	13
Sachaufgaben	14
Die natürlichen Zahlen	
Die Zahlen bis 10 000	15–16
Vergleichen und Ordnen der Zahlen bis 10 000	17–18
Römische Zahlzeichen	19
Näherungswerte, Runden	20–21
Addieren und Subtrahieren	22–23
Multiplizieren und Dividieren	24–25
Größen: Einheiten der Länge	26
Schätzen	27
Die Zahlen bis 1 000 000	28–29
Vergleichen und Ordnen der Zahlen bis 1 000 000	30–31
Grafisches Darstellen von Zahlen in Diagrammen	32–34
Addieren und Subtrahieren	
Mündliches Addieren und Subtrahieren	35–37
Schriftliches Addieren	38–39
Schriftliches Addieren mit mehr als zwei Summanden	40–41
Geometrie	
Körper, Flächen, Strecken, Punkte	42
Lagemöglichkeiten von Punkten und Strecken	43
Parallelen, Senkrechten, rechte Winkel	44
Zeichnen von Senkrechten und Parallelen	45
Wiederholung und Kontrolle	46–47
Addieren und Subtrahieren	
Schriftliches Subtrahieren	48–49
Schriftliches Subtrahieren mit zwei Subtrahenden	50–51
Gleichungen und Ungleichungen	52
Tabellen und Rechenbäume	53
Sachaufgaben	54
Größen: Einheiten der Masse	55–57
Größen: Rauminhalte	58–59
Größenangaben in Kommaschreibweise	60
Sachaufgaben	61
Zusammenfassung	62–63
Rechnen und Knobeln	64
Geometrie	
Dreiecke, Vierecke	65
Kreise	66
Rechtecke	67
Zeichnen von Rechtecken und Quadraten	68
Parallelogramme	69
Trapeze	70
Drachenvierecke	71
Wiederholung und Kontrolle	72–73

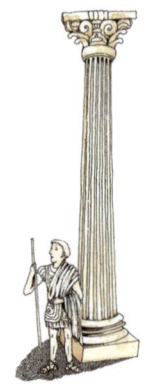

Viereckarten	74
Multiplizieren und Dividieren	
Vielfache und Teiler	75
Multiplizieren	76–77
Dividieren	78–79
Schriftliches Multiplizieren mehrstelliger mit einstelligen Zahlen	80–83
Schriftliches Multiplizieren mit Zehner- und Hunderterzahlen	84
Aufgaben mit zwei verschiedenen Rechenarten	85
Schriftliches Multiplizieren mehrstelliger mit zweistelligen Zahlen	86–87
Schriftliches Multiplizieren mehrstelliger mit dreistelligen Zahlen	88–89
Multiplizieren von Größenangaben in Kommaschreibweise	90–91
Größen: Einheiten der Zeit	92–93
Größen: Zeitdauer und Zeitpunkt	94–95
Geometrie	
Vergleichen von Flächen	96
Flächeninhalt, Umfang	97
Achsensymmetrische Figuren	98–99
Drehsymmetrische Figuren	100
Verschieben, Drehen, Spiegeln	101
Wiederholung und Kontrolle	102–103
Multiplizieren und Dividieren	
Schriftliches Dividieren mehrstelliger durch einstellige Zahlen	104–106
Schriftliches Dividieren mit Rest	107
Dividieren von Größenangaben in Kommaschreibweise	108
Aufgaben mit verschiedenen Rechenarten	109
Berechnen des Durchschnitts	110
Schriftliches Dividieren durch Zehnerzahlen	111
Sachaufgaben	112
Vergrößern und Verkleinern	113
Maßstäbe	114–115
Rechnen und Knobeln	116–117
Zusammenfassung	118–119
Geometrie	
Körper und Flächen	120
Würfel, Quader, Pyramide, Kugel, Zylinder, Kegel	121
Würfelnetze	122–123
Quadernetze	124–125
Bauen mit Würfeln	126
Ansichten	127
Daten, Häufigkeit, Wahrscheinlichkeit	128–131
Wiederholung und Kontrolle	132–133
Mini-Projekt: In einer Bäckerei	134
Mini-Projekt: Auf einem Bauernhof	135
Mini-Projekt: Unterwegs mit einer Dampfeisenbahn	136
Mini-Projekt: Unterwegs mit Bus und Bahn	137
Mini-Projekt: Unterwegs mit Flugzeug und Schiff	138
Mini-Projekt: Streichquadrate	139
Mini-Projekt: Dualsystem	140
Mini-Projekt: Rechnen im Dezimalsystem und im Dualsystem	141
Mini-Projekt: Besondere Körpernetze	142
Mini-Projekt: Unmögliche Figuren	143

Die Aufgabe 2·590 lässt sich leicht lösen, wenn man zuerst 2·600 rechnet und davon 2·10 subtrahiert.

 c)* So gekennzeichnete Aufgaben sind schwieriger als die anderen Aufgaben.

Entdecken von Zahlen und Formen in unserer Umwelt

Rechnen bis 1000 **Die Zahlen bis 1000**

1. Zähle vorwärts!
   a) von 146 bis 161   b) von 395 bis 412

2. Zähle rückwärts!
   a) von 284 bis 268   b) von 607 bis 589

3. a) Nenne zu jeder Zahl auf der Tafel den Vorgänger und den Nachfolger!
   b) Nenne zu jeder Zahl die Nachbarzehner und danach die Nachbarhunderter!

4. Vergleiche!
   a) 367 und 467
   899 und 989
   354 und 345
   b) 555 und 505
   499 und 617
   378 und 387
   c) 871 und 672
   729 und 728
   189 und 198
   d) 967 und 969
   356 und 353
   751 und 749

5. Bilde mit Hilfe der vier Ziffernkärtchen möglichst viele dreistellige Zahlen! Löse dann folgende Aufgaben:
   a) Unterstreiche deine größte Zahl und deine kleinste Zahl!
   b) Finde Zahlen, die als Einer die Ziffer 7 haben! Ordne sie der Größe nach!
   c) Gib gerade Zahlen an, die als Zehner die Ziffer 5 haben!
   d) Gib ungerade Zahlen an, die als Hunderter die Ziffer 8 haben!

Addieren und Subtrahieren bis 1000

1 Rechne auch die Tauschaufgabe!
a) 300 + 600
723 + 200
178 + 600
b) 340 + 30
648 + 40
202 + 90

2 Löse! Prüfe mit der Umkehraufgabe!
a) 800 − 200
463 − 400
507 − 300
b) 480 − 50
143 − 30
645 − 20
c)* 460 − 70
163 − 80
707 − 60

3
a) 546 + 7
793 + 0
8 + 163
72 + 215
b) 459 − 8
836 − 9
149 − 25
61 − 116
c) 356 + 0 + 44
39 + 1 + 354
235 + 57 + 65
49 + 403 + 17
d) 900 − 15 − 0
772 − 2 − 29
564 − 38 − 14
667 − 29 − 9

4 Setze fort! Nutze den Zahlenstrahl!

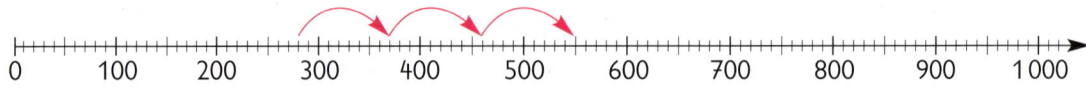

a) 280, 370, 460, ▮, ▮, ▮, ▮, ▮, 1000
b) 120, 230, ▮, ▮, ▮, ▮, ▮, 1000
c) 0, 125, ▮, ▮, ▮, ▮, ▮, 1000
d) 1000, 920, 840, ▮, ▮, ▮, ▮, 360
e) 1000, 880, ▮, ▮, ▮, ▮, ▮, 40
f) 1000, 895, 790, ▮, ▮, ▮, ▮, 160

Nimm minus!
Nimm plus!

5 + oder − ?

a) 410 ● 40 ● 50 = 500
720 ● 80 ● 10 = 790
414 ● 116 ● 70 = 600

b) 221 ● 29 ● 100 = 150
390 ● 200 ● 117 = 73
565 ● 75 ● 100 = 590

c) 440 ● 70 ● 20 = 530
211 ● 12 ● 200 = 399
999 ● 33 ● 300 = 666

d) 809 ● 50 ● 350 = 409
123 ● 66 ● 18 = 171
756 ● 57 ● 101 = 800

6
a) 144 + ▮ = 199
362 + ▮ = 369
231 + ▮ = 831
557 + ▮ = 656
b) 456 − ▮ = 402
672 − ▮ = 630
451 − ▮ = 352
235 − ▮ = 150
c) 757 + ▮ = 789
493 − ▮ = 295
624 + ▮ = 725
378 − ▮ = 79
d)* ▮ + 252 = 357
▮ + 455 = 897
▮ − 163 = 312
▮ − 209 = 442

7

a) E —+150→ A

E	A
643	
308	
746	
151	

b) E —−320→ A

E	A
824	
785	
366	
420	

c)* E —+436→ A

E	A
514	
206	
	900
	740

d)* E —−209→ A

E	A
630	
400	
	100
	355

Addieren und Subtrahieren bis 1000

1 <, > oder = ? Bei welchen Aufgaben brauchst du nicht zu rechnen?

a) 645 + 55 ● 510
    88 + 202 ● 291
   316 + 94 ● 810

b) 933 − 34 ● 689
   192 − 81 ● 257
   527 − 403 ● 388

c)* 987 − 470 ● 507
    873 + 122 ● 995
    286 − 176 ● 120

2 Berechne und prüfe dann mit der Umkehraufgabe!

a) 446 − 120
   117 − 115
   267 − 160
   379 − 114

b) 527 − 213
   348 − 106
   495 − 374
   832 − 422

3 Gib alle Lösungen an!

a) 566 + ▢ < 571
   309 + ▢ < 312
   402 + ▢ < 403
   697 + ▢ < 704

b) 855 − ▢ > 851
   292 − ▢ > 287
   643 − ▢ > 638
   501 − ▢ > 496

4 An welche Zahlen denken die Kinder?

„Wenn ich zu meiner Zahl 213 addiere, erhalte ich 444."

„Wenn ich von meiner Zahl 126 subtrahiere, erhalte ich 111."

„Meine Zahl ist die Summe aus 312 und 357."

5 Beschreibe, wie du rechnest!

a)
```
H Z E        H Z E
5 1 8        3 7 4
+3 5 4       −1 6 2
    1
8 7 2        2 1 2
```

b)
```
H Z E        H Z E
5 3 2        4̶ 12̶ 12̶
−2 6 7       5̶ 3̶ 2̶
1 1          −2 6 7
2 6 5        2 6 5
```

6 Je 2 Zettel haben die gleiche Summe. Finde sie heraus!

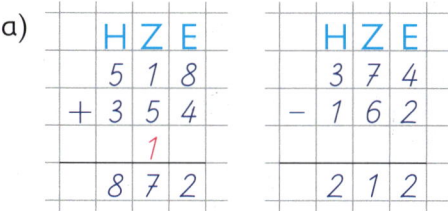

179 +438   677 +308
132 +217   541 +444   198 +151   378 +239

7 Rechne und kontrolliere!

a) 327 − 117
b) 685 − 226
c) 401 − 256
d) 900 − 688

e) 274 − 125
f) 783 − 475
g) 385 − 109
h) 808 − 529

8 Rechne und kontrolliere!

a) 125 + 311 + 463
b) 607 + 138 + 29
c) 221 + 619 + 36

9 Welche Zahlen fehlen?

a) 458 ⟷ 589 mit +131 / −
b) 316 ⟷ 887 mit + / −

Addieren und Subtrahieren bis 1000

1
a) 365 € + 123 €
b) 276 ct + 508 ct
c) 209 g + 289 g
d) 356 km + 482 km
e)* 734 kg + 177 kg
f)* 278 m + 449 m

2
a) 775 m − 150 m
b) 362 kg − 49 kg
c) 691 cm − 322 cm
d) 603 g − 121 g
e)* 963 l − 387 l
f)* 548 € − 409 €

3

Tim fährt mit seinen Eltern zur Hochzeit seines großen Bruders nach Leipzig. Um dort rechtzeitig einzutreffen, benutzen sie ein Flugzeug. Die Flugtickets kosten 273 €. Zurück fahren sie mit dem Zug. Die Bahnfahrt kostet 192 €. Bilde eine Aufgabe und löse sie!

4

Lukas hat 8,56 €. Für einen neuen Tintenkiller bezahlt er 1,25 € und für eine neue Packung Buntstifte 2,49 €. Wie viel Geld bleibt übrig?

Beschreibe, wie Leon und Tanja rechnen!

Leon rechnet:

1,25 € = 1 € 25 ct = 125 ct
2,49 € = 2 € 49 ct = 249 ct

8,56 € = 8 € 56 ct = 856 ct

```
  1 2 5 ct
+ 2 4 9 ct
  3 7 4 ct

  8 5 6 ct
− 3 7 4 ct
  4 8 2 ct
```
482 ct = 4,82 €

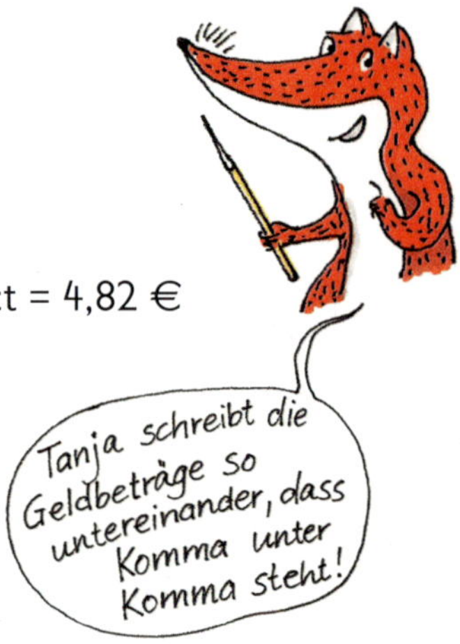

Tanja rechnet:

```
  1,2 5 €
+ 2,4 9 €
  3,7 4 €

  8,5 6 €
− 3,7 4 €
  4,8 2 €
```

Tanja schreibt die Geldbeträge so untereinander, dass Komma unter Komma steht!

5
a) 7,44 € − 3,12 €
5,73 € − 3,01 €
8,95 € − 4,64 €

b) 3,56 € + 4,34 €
4,89 € + 1,09 €
5,32 € + 2,93 €

c)* 5,45 € − 2,57 €
6,92 € − 1,08 €
6,60 € − 4,71 €

6

Hans kauft am Obststand Bananen für 3,27 € und Äpfel für 4,56 €. Er bezahlt mit einem 10-Euro-Schein.

a) Wie viel Geld muss er insgesamt für die Äpfel und die Bananen bezahlen?
b) Wie viel Geld erhält er zurück?

Multiplizieren und Dividieren bis 1000

1

Wer kennt noch die Malfolgen vom kleinen Einmaleins?

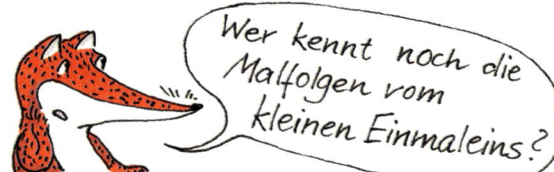

a)
3 · __ = 18
7 · __ = 49
__ · 8 = 40
__ · 9 = 63
4 · __ = 36

b)
24 : __ = 3
40 : __ = 4
__ : 7 = 4
__ : 3 = 9
48 : __ = 6

2 Gib das Zehnfache der Zahlen an!

9 12 17 34 48 1 50 26 99 0

3 Gib das Hundertfache der Zahlen an!

7 5 1 3 0 4 10 6

4

a)
14 · __ = 140
__ · 8 = 800
10 · __ = 0

b)
500 : __ = 100
610 : __ = 61
__ : 10 = 93

c)
__ · 6 = 600
10 · __ = 530
__ · 9 = 0

d)
900 : __ = 100
770 : __ = 77
__ : 3 = 100

5

Sophie sagt: „Jede Zahl, die ich durch 10 teilen kann, lässt sich auch durch 100 teilen."

Kevin sagt: „Jede Zahl, die ich durch 100 teilen kann, lässt sich auch durch 10 teilen."

Was sagst du dazu?

6

a) 5 → · 80 → __; 5 → · 8 → 40; 40 → · 10 → __

b) 7 → · 90 → __; 7 → · 9 → __; __ → · 10 → __

c) 9 → · 40 → __; 9 → · 4 → __; __ → · 10 → __

d) 210 → : 70 → __; 210 → : 10 → 21; 21 → : 7 → __

e) 420 → : 60 → __; 420 → : 10 → __; __ → : 6 → __

7

Welches Schild gehört an welche Kiste?

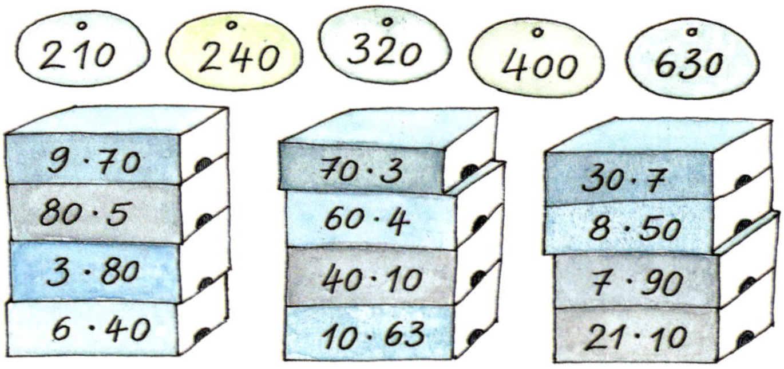

210
240
320
400
630
9 · 70
80 · 5
3 · 80
6 · 40
70 · 3
60 · 4
40 · 10
10 · 63
30 · 7
8 · 50
7 · 90
21 · 10

8

<, > oder = ?

a)
3 · 90 ○ 30 · 9
6 · 80 ○ 80 · 5
6 · 70 ○ 70 · 6
4 · 200 ○ 90 · 8

b)
7 · 20 ○ 50 · 3
40 · 4 ○ 80 · 2
9 · 70 ○ 6 · 100
300 · 3 ○ 10 · 90

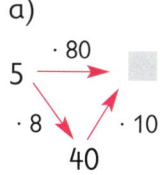

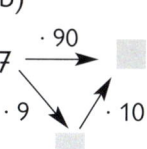

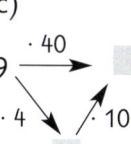

Multiplizieren und Dividieren bis 1000

1 a) 3 · 54 =   b) 4 · 18 =   Tom überschlägt: 3 · 50 = 150
7 · 82 =   2 · 93 =
4 · 31 =   3 · 17 =   Tom rechnet:

3 · 54
3 · 50 = 150
3 · 4 = 12
150 + 12 = 162
3 · 54 = 162

c) 6 · 28 =   d) 6 · 67 =
5 · 49 =   7 · 46 =
9 · 12 =   5 · 72 =

2 a) 68 : 4 =   b) 110 : 2 =   Jana rechnet:

68 : 4
40 : 4 = 10
28 : 4 = 7
10 + 7 = 17
68 : 4 = 17

84 : 7 =   108 : 6 =
95 : 5 =   171 : 9 =

c) 96 : 6 =   d) 128 : 4 =
112 : 8 =   161 : 7 =
72 : 3 =   115 : 5 =

3 a) · 9   b) · 7   c) · 8   d)*
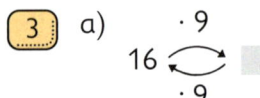   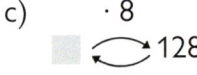    144
: 9   : 6

4 Die Klasse 4c besucht die Feuerwehr. Brandmeister Schnell zeigt den Kindern drei neue Fahrzeuge und erzählt, dass es im letzten Jahr im Kreisgebiet 320 Brände gab. Jeder achte Brand wurde durch Kinder verursacht.
a) Wie viele Brände entstanden durch Kinderhand?
b) Was kannst du tun, um einen Brand zu verhüten?

5 Zur Kennzeichnung von neun verschiedenen Wanderwegen bemalen die Kinder quadratische Schilder.

a) Wie viele Schilder muss der Tischler liefern, wenn für jeden Wanderweg 50 Schilder benötigt werden?
b) Wie würdest du die neun Wanderwege kennzeichnen?

6 Welche Zielzahl erreichst du mit den Aufgaben?

a) 3 →·3→ →·3→ →·3→ →·3→ ☐   b) 4 →·2→ →·5→ →·4→ →·3→ ☐

c) 2 →·6→ →·2→ →·4→ →·2→ ☐   d) 5 →·3→ →·7→ →·1→ →·6→ ☐

Zielzahlen: 672   480   249   630   192   243

Dividieren mit Rest

1 In den Gondeln einer Seilbahn können immer vier Personen zum Berggipfel fahren. Eine Reisegruppe mit 42 Personen wartet auf Einlass. Wie viele Gondeln müssen mindestens von der Talstation abfahren, um alle Personen zur Bergstation zu bringen?

Jan schreibt so:

42 : 4 = 10   Rest 2

Lena schreibt:

42 : 4 = 10
Rest 2

Marcel überprüft:

42 = 10 · 4 + 2

2 Löse die Aufgaben und ordne sie in die Tabelle ein!

Kein Rest	Rest 1	Rest 2	Rest 3

a) 33 : 4
   62 : 4
   45 : 4
   23 : 4
   51 : 4

b) 240 : 4
   322 : 4
   161 : 4
   128 : 4
   103 : 4

c) 98 : 4
   510 : 4
   241 : 4
   200 : 4
   403 : 4

3 Welche Reste können beim Dividieren durch 7 auftreten? Finde jeweils ein Beispiel!

4 Bilde Aufgaben und löse sie!
a) In einen Speiseraum kommen 30 Kinder. Im Raum befinden sich acht Vierertische.
b) Fünf Personen bilden eine Spielgemeinschaft im Zahlenlotto. Bisher hatten sie einen Gewinn von 513 €.
c) Auf einer Rolle sind noch 29 m Kunststoffrasen. Der Verkäufer bedient an diesem Tag neun Kunden, die jeweils ein 3 m langes Stück kaufen.

5 Berechne! Was stellst du fest?

a)   10 : 3
   100 : 3
 1000 : 3

b)   10 : 5
   100 : 5
 1000 : 5

c)   10 : 6
   100 : 6
 1000 : 6

d)   10 : 9
   100 : 9
 1000 : 9

6 Löse die Zahlenrätsel!

Jakob:
„Meine Zahl liegt zwischen 30 und 40. Sie lässt beim Teilen durch 8 den Rest 1."

Jule:
„Meine Zahl ist eine gerade Zahl zwischen 80 und 90. Sie ist durch 3 ohne Rest teilbar."

Aufgaben mit verschiedenen Rechenarten

1 a) 6 · 10 + 20
4 · 60 + 17
3 · 25 + 26

c) 5 · 70 − 49
9 · 60 − 24
8 · 15 − 21

b) 15 + 6 · 20
17 + 4 · 60
13 + 7 · 30

d) 260 − 5 · 50
185 − 3 · 60
596 − 8 · 70

Punktrechnung geht vor Strichrechnung.

Pauline rechnet so:

15 + 6 · 20
6 · 20 = 120
15 + 120 = 135
15 + 6 · 20 = 135

John rechnet so:

49 + 150 : 3
150 : 3 = 50
49 + 50 = 99
49 + 150 : 3 = 99

2 a) 80 : 8 + 98
480 : 6 + 34
810 : 9 + 16

c) 210 : 3 − 41
360 : 9 − 13
92 : 2 − 39

b) 49 + 150 : 3
18 + 360 : 4
64 + 720 : 9

d) 90 − 630 : 7
600 − 270 : 9
315 − 180 : 2

e) 240 + 60 : 6
718 − 72 : 8
325 + 91 : 7

3 Löse die Aufgaben! Ordne die Silben nach der Größe der davorstehenden Ergebnisse! Beginne bei 1!

50 · 9 + 59   AN
270 : 3 − 89   UM
220 : 10 + 22   SCHUTZ
480 : 6 + 91   AL

80 · 8 − 17   !
7 · 40 − 175   GEHT
420 : 70 + 27   WELT
24 · 5 + 290   LE

4 Einige Kinder der Klasse 4a wollen am Nachmittag Plätzchen backen. Karolin hat das Rezept und Johannes hat eine aktuelle Zeitungsanzeige vom Kaufmarkt SUPERFRISCH mitgebracht.

a) Wie viel Geld müssen die Kinder für den Teig ausgeben, wenn sie sich die Zutaten beim Kaufmarkt SUPERFRISCH besorgen?

b) Denke dir eine ähnliche Aufgabe aus und löse sie!

Teig für Plätzchen:
1 kg Mehl
4 Eier
200 g Puderzucker
500 g Margarine
200 g Kakao
1 Prise Salz

SUPERFRISCH
Angebot der Woche
Weizenmehl (Tüte 1000 g)   0,50 €
Puderzucker (Tüte 1000 g)   1,00 €
Süße Mandeln (Tüte 250 g)   1,50 €
Landeier (Stückpreis)   0,15 €
Pfirsiche (Dose 250 g)   0,99 €
Kakao (Büchse 250 g)   2,00 €
Margarine (Würfel 250 g)   0,30 €
Kindercola (6er-Pack)   1,80 €
Backpulver (5 Päckchen)   0,70 €
Frischmilch (Flasche 1 l)   0,60 €

5 Finde für jedes Auto eine Garage!

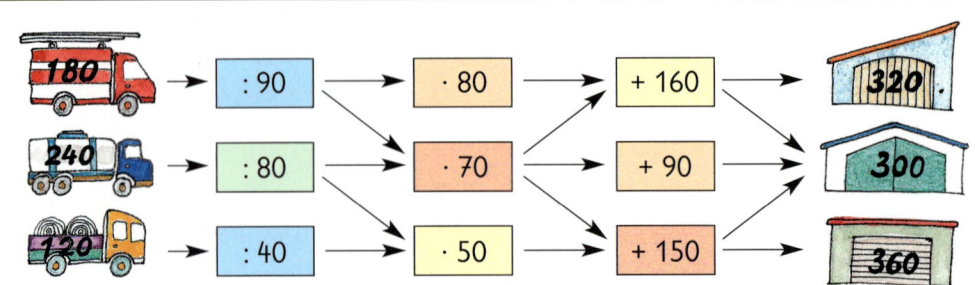

Aufgaben mit Klammern

1 a) 3 · (2 + 6)
   5 · (4 + 5)
   4 · (20 + 10)
   6 · (30 + 40)

b) (4 + 6) · 40
   (9 − 3) · 70
   (5 + 3) · 80
   (8 − 3) · 60

c) (50 − 2) : 4
   (27 + 9) : 4
   (98 + 7) : 7
   (73 − 8) : 5

Moritz rechnet so:

3 · (2 + 6)
2 + 6 = 8
3 · 8 = 24
3 · (2 + 6) = 24

Berechne zuerst, was in den Klammern steht!

2 7 · (30 + 60)
(67 − 59) · 5
180 : (43 + 47)
210 : (84 − 77)

3 Vergleiche!

5 · 7 + 13   und   5 · (7 + 13)
40 : 10 + 30   und   40 : (10 + 30)
2 · 23 + 7   und   2 · (23 + 7)

4

Steffen: „Wenn du von 100 das Produkt der Zahlen 8 und 11 abziehst, dann erhältst du mein Alter."
Mutter: „Bilde die Summe aus 35 und 61 und teile dann das Ergebnis durch 3. So erhältst du mein Alter."
Opa: „Mein Alter findest du, wenn du die Summe aus den Zahlen 17 und 14 verdoppelst."

5

20 Kinder aus der Klasse 4c wollen eine Ausstellung über Naturschutz besuchen. Der Eintritt kostet für Besuchergruppen pro Person 3,50 €. Die Busfahrt kostet für jedes Kind 2,50 €.
Die Lehrerin bezahlt für alle Kinder das Busgeld und das Eintrittsgeld. Wie viel Euro muss sie vorher einsammeln?

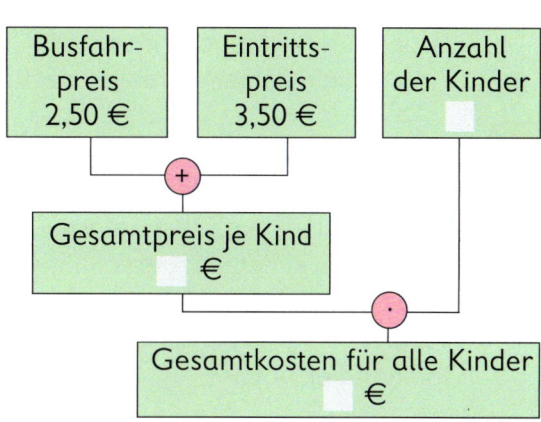

Sachaufgaben

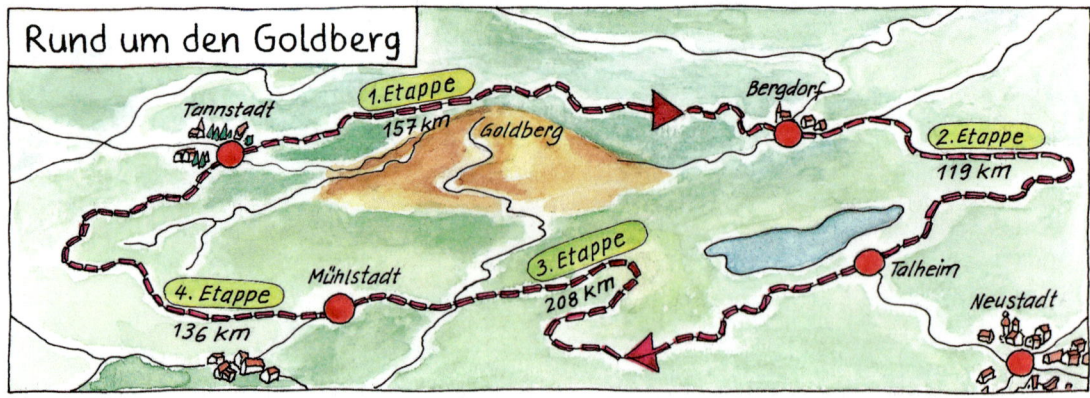

1 Ralf und Sabine wollen bei der heutigen Ankunft der Radsportler in Talheim dabei sein.
 a) Wie viel Kilometer haben die Radsportler auf den ersten beiden Etappen zurückgelegt?
 b) Wie viel Kilometer sind es noch bis zum Ziel?
 c) Wie lang ist die Radrundfahrt insgesamt?

2 Eine Mosterei versorgt fünf verschiedene Gaststätten mit Saft. Drei Gaststätten gaben den Auftrag für jeweils 180 Flaschen Apfelsaft und 160 Flaschen Johannisbeersaft. Die beiden anderen Gaststätten wollen nur jeweils halb so viele Flaschen. Wie viele Flaschen von jeder Sorte muss die Mosterei ausliefern?

3 Im Freizeitzentrum der Stadt bereiten Kinder ein Drachenfest vor. Sie wollen 10 kleine Flugdrachen und 6 Kastendrachen bauen.
 a) Für einen Flugdrachen benötigen sie 6 Leisten und für einen Kastendrachen 12 Leisten. Wie viele Leisten brauchen die Kinder insgesamt?
 b) Im Baumarkt gibt es passende Leisten in Bündeln zu 20 Stück. Wie viele Bündel müssten sie kaufen?
 c) Jeden Drachen wollen die Kinder mit 30 Schleifen schmücken. Bisher haben die Kinder 270 Schleifen gebastelt. Wie viele Drachen können sie damit schmücken? Wie viele Schleifen fehlen noch?

4 Eine Gärtnerei soll einem Händler insgesamt 1 000 kg Obst liefern. Die Gärtnerei liefert zuerst 435 kg und dann 366 kg Obst. Wie viel Kilogramm fehlen dem Obsthändler noch?

5 Erfinde zu den Aufgaben Rechengeschichten und löse sie!
 a) 7 · 120   b) 100 m : 9
 c) 250 € : 5   d) 80 kg : 3
 e) 124 km + 2 · 86 km

Die natürlichen Zahlen — Die Zahlen bis 10 000

1

Zum Erntefest kommen viele Besucher nach Neustadt. Jeder Besucher erhält eine nummerierte Eintrittskarte.
Sie ist gleichzeitig ein Los für die Tombola.
Bens Karte sieht so aus:

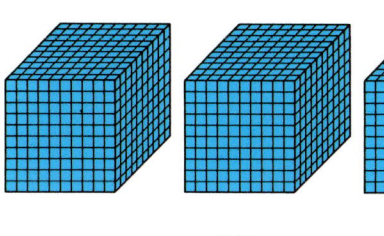 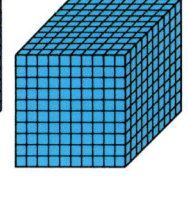 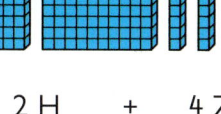

    3 T   +   2 H   +   4 Z + 1 E
    3 000   +   200   +   40 + 1

Stellentafel:

T	H	Z	E
3	2	4	1

Zahl: 3 241
Zahlwort: dreitausendzweihunderteinundvierzig

Beschreibe, wie sich die Zahl 3 241 zusammensetzt!

2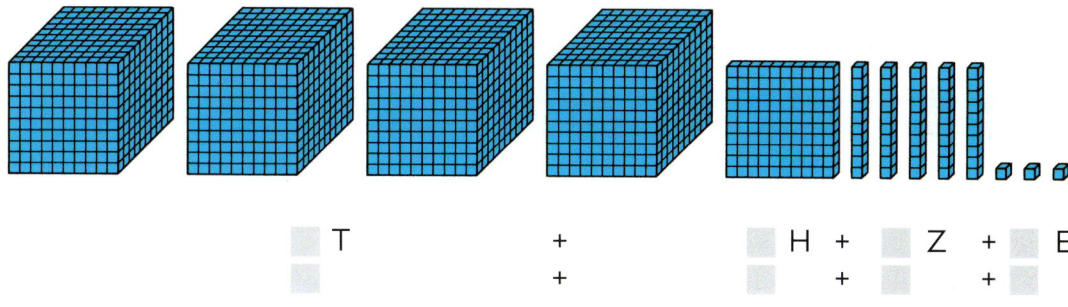

    ▢ T   +   ▢ H + ▢ Z + ▢ E
    ▢   +   ▢   + ▢   + ▢

Stellentafel:

T	H	Z	E

Zahl:
Zahlwort:

3 Bilde eine weitere Aufgabe!

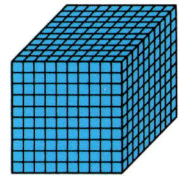 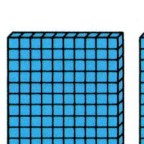 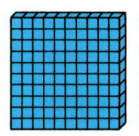 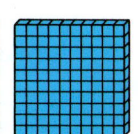 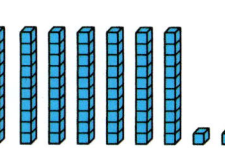

4 Welche Zahlen sind das?
Trage sie in eine Stellentafel ein!
Dann lies vor!

9 T + 8 H + 7 Z + 5 E
4 T + 0 H + 3 Z + 7 E
1 ZT + 0 T + 0 H + 0 Z + 0 E

ZT	T	H	Z	E

Die Zahlen bis 10 000

Die Briefmarken sind 1923 erschienen.

1 a) Zähle von 0 bis 10 000 in Tausenderschritten!
b) Trage diese Zahlen in eine Stellentafel ein und schreibe das zugehörige Zahlwort daneben!
c) Ergänze die fehlenden Zahlen am Zahlenstrahl!

```
0    1 000        4 000              8 000        10 000
```

2 a) Eva zählt in Hunderterschritten von 1 500 bis 2 500.
Hilf ihr dabei!
1 500, 1 600, 1 700, 1 800, 1 900, 2 000, 2 100, ■, ■, ■, ■
b) Nenne jeweils die Nachbarhunderter!
5 200, 7 500, 3 100, 1 300, 4 400, 9 800, 3 000, 6 000
c) Zähle in Zehnerschritten von 3 970 bis 4 070!
d) Zähle in Einerschritten von 8 395 bis 8 405!
e) Bilde selbst eine Aufgabe und löse sie!

3 a) Jan zählt in Hunderterschritten rückwärts von 3 500 bis 2 500.
Hilf ihm dabei!
3 500, 3 400, 3 300, 3 200, ■, ■, ■, ■, ■, ■, ■
b) Zähle in Zehnerschritten rückwärts von 5 080 bis 4 980!
c) Zähle in Einerschritten rückwärts von 9 010 bis 8 990!

4 Welche Zahlen könnten das sein?

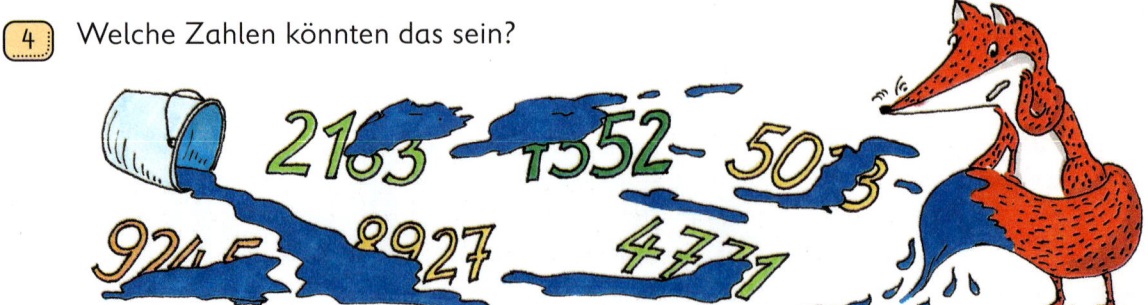

5 Schreibe zu jeder Zahl den Vorgänger und den Nachfolger auf!
a) 4 567   b) 3 893   c) 6 710   d) 2 008   e) 7 300   f) 1 000   g) 9 000

Vergleichen und Ordnen der Zahlen bis 10 000

1 Sprich über das Vergleichen vierstelliger Zahlen!
  a) 8752 und 2631
  b) 6531 und 6918

T	H	Z	E
8	7	5	2

T	H	Z	E
2	6	3	1

8 000 > 2 000
8 752 > 2 631

T	H	Z	E
6	5	3	1

T	H	Z	E
6	9	1	8

6 000 = 6 000
  500 <   900
6 531 < 6 918

2 <, > oder =?

a) 3 467 ● 4 679
   7 567 ● 2 158

b) 4 709 ● 4 521
   5 120 ● 5 999

c) 9 543 ● 3 643
   1 453 ● 1 045

d) 8 803 ● 8 903
   4 891 ● 4 498

3 Vergleiche 9534 und 9532!
Beschreibe, wie du vorgehst!

T	H	Z	E
9	5	3	4

T	H	Z	E
9	5	3	2

9 534 ● 9 532

4 <, > oder =?

a) 1 357 ● 1 368
   5 706 ● 5 703
   9 017 ● 8 120

b)   520 ● 4 090
   10 000 ● 9 999
   8 098 ●   908

c) 6 433 ● 6 644
   9 617 ● 7 917
   6 926 ● 6 926

d) 3 753 ● 3 735
   3 468 ●   476
   8 104 ● 8 102

5

T	H	Z	E
••	•••	•••	••
••	•••	•••	•
	••	••	
		•	

Lara hat Plättchen in eine Stellentafel gelegt, zum Beispiel 4 Plättchen für 4 Tausender.
 a) Welche Zahl hat Lara gelegt?
 b) Lara legt an der Zehnerstelle noch ein Plättchen dazu. Wie heißt ihre neue Zahl?
 c) Alina macht es anders. Sie legt noch ein weiteres Plättchen an die Tausenderstelle. Schreibe eine Rechnung dazu auf!
 d) David macht es noch anders. Er legt ein Plättchen an die Hunderterstelle. Hilf ihm beim Benennen seiner Zahl!

6 Partnerspiel
Ein Kind legt ein Plättchen so um, dass die Zahl größer wird. Das andere Kind kontrolliert. Dann wird getauscht. Das zweite Kind muss nun aber kleinere Zahlen finden. Für jede richtig benannte Zahl gibt es einen Punkt. Wer nach 5 Spielrunden die meisten Punkte hat, gewinnt.

Vergleichen und Ordnen der Zahlen bis 10 000

1 Nenne zu jeder Zahl
  a) den Vorgänger und den Nachfolger,
  b) die benachbarten Zehner,
  c) die benachbarten Hunderter,
  d) die benachbarten Tausender!

2 Gib jeweils sechs gerade Zahlen an, die zwischen den Zahlen auf zwei gleichfarbigen Luftballons liegen!

3
  a) Ordne die Berge nach ihrer Höhe! Beginne mit dem niedrigsten Berg!
  b) Was weißt du über den höchsten Berg in deinem Bundesland?
  c) Auf welchem Berg bist du schon gewesen? Wie hoch ist dieser Berg?

Lilienstein (Elbsandsteingebirge)	415 m
Fichtelberg (Erzgebirge)	1 214 m
Brocken (Harz)	1 142 m
Nebelhorn (Allgäuer Alpen)	2 224 m
Großer Inselsberg (Thüringer Wald)	916 m
Katzenbuckel (Odenwald)	626 m
Schauinsland (Schwarzwald)	1 284 m
Königsstuhl (Rügen)	118 m
Zugspitze (Wettersteingebirge)	2 963 m
Schneekoppe (Riesengebirge)	1 602 m

4 Kannst du die Zahlenrätsel lösen?

Maurice: „Ich suche die größte und die kleinste dreistellige Zahl."
Melissa: „Ich suche die größte und die kleinste vierstellige Zahl."
Robin: „Ich suche die kleinste und die größte vierstellige Zahl, die ich aus den Ziffern 3, 8, 4, 7 bilden kann."
Larissa: „Ich suche die größte vierstellige Zahl, die nur aus verschiedenen Ziffern besteht."

5 a) Welche vierstelligen Zahlen kannst du bilden, wenn du nur die Ziffern 4 und 3 verwenden darfst?

b) Ordne diese Zahlen der Größe nach! Findest du auch Nachbarzahlen darunter?

c)* Überlege dir dieselben Aufgaben mit fünfstelligen Zahlen!

Römische Zahlzeichen

Vor etwa 2 000 Jahren benutzten die Römer für das Schreiben von Zahlen sieben verschiedene Zeichen.
Es sind römische Zahlzeichen, die auch heute noch verwendet werden.

I	V	X	L	C	D	M
1	5	10	50	100	500	1 000

1) Sieh dir genau an, wie mit römischen Zahlzeichen die Zahlen 1 bis 20 geschrieben werden! Ergänze!

I	1		XI	10 + 1 = 11
II	1 + 1 = 2		XII	☐ + ☐ + ☐ = 12
III	☐ + ☐ + ☐ = 3		XIII	☐ + ☐ + ☐ + ☐ = 13
IV	5 − 1 = 4		XIV	10 + (5 − 1) = 14
V	5		XV	10 + 5 = 15
VI	5 + 1 = 6		XVI	☐ + ☐ + ☐ = 16
VII	☐ + ☐ + ☐ = 7		XVII	10 + 5 + 1 + 1 = 17
VIII	☐ + ☐ + ☐ + ☐ = 8		XVIII	☐ + ☐ + ☐ + ☐ + ☐ = 18
IX	10 − 1 = 9		XIX	10 + (10 − 1) = 19
X	10		XX	☐ + ☐ = 20

2) Was bedeuten diese Angaben?
   − Kapitel VII im Buch „Harry Potter und der Stein der Weisen"
   − Die XXVIII. Olympischen Sommerspiele 2004 in Athen
   − Der französische König Ludwig XIV.
   − Das XIX. Burgfest in Bergheim

3) Schreibe die Zahlen 21 bis 30 mit römischen Zahlzeichen!

4) Schreibe mit unseren Zahlen!
IX, XXXII, LXXI, DCCC, XXXIV, CCLXIII, MM, MDCCXXV

5) Schreibe mit römischen Zahlzeichen!
19, 24, 73, 81, 122, 531, 833, 1900

Näherungswerte, Runden

Manchmal ist es nicht möglich, sehr schnell und ohne großen Aufwand genaue Angaben über Zahlen zu machen.

1
a) Schätze die Gesamtanzahl der Bücher auf dem Bild!
   Beschreibe, wie du vorgehst!
b) Schätze, wie viele Kinder in deine Grundschule gehen!

Häufig ist es nicht notwendig, genaue Zahlenangaben zu kennen. **Näherungswerte** reichen aus.

3 Suche in einer Zeitung nach Näherungswerten! Sprich darüber!

4 Nora bestimmt Näherungswerte durch Runden. Sie rundet auf Vielfache von 10.
Beschreibe, wie Nora vorgeht!

2 Anna hat verschiedene Zahlenangaben in der Zeitung gefunden. Findest du darunter Näherungswerte? Begründe deine Antwort!
a) Im Frühjahr brüteten im Vogelschutzgebiet etwa 80 Paare der geschützten Graureiher.
b) Die Universität Rostock wurde 1419 gegründet.
c) Nashörner können über 50 Jahre alt werden.
d) Die Entfernung von Leipzig nach Rostock beträgt rund 380 km.
e) Sonderangebot für Kaugummi: 20 Streifen nur 1,99 €.
f) Am Wochenende ereigneten sich in Sachsen-Anhalt 431 Verkehrsunfälle.

Bei 1, 2, 3 und 4 runden wir ab.
Bei 5, 6, 7, 8 und 9 runden wir auf.

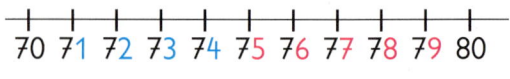

5

Runde auf Vielfache von 10!

a) 19	b) 181	c) 743 m	d) 2 987	e) 541 kg	f) 461 €
72	368	456 m	3 599	6 509 kg	1 157 €
25	434	251 m	6 348	9 255 kg	7 606 €

Näherungswerte, Runden

1 Die Sonderausstellung „Leben in der Steinzeit" war in Tannheim acht Tage lang zu sehen. Die Tabelle gibt die Besucherzahlen für jeden Ausstellungstag an.

Datum	Besucherzahl
4. 5.	919
5. 5.	545
6. 5.	751
7. 5.	736
8. 5.	1 068
9. 5.	1 936
10. 5.	2 189
11. 5.	3 264

a) Runde die Zahlen vom 4. Mai bis zum 7. Mai auf Vielfache von 100!

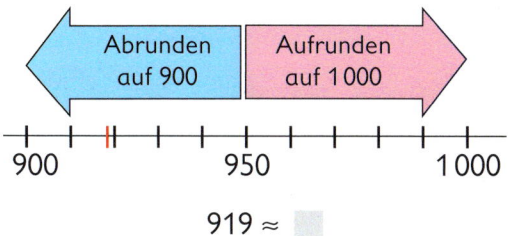

919 ≈ ▢

b) Runde die Zahlen vom 8. Mai bis zum 11. Mai auf Vielfache von 1 000!

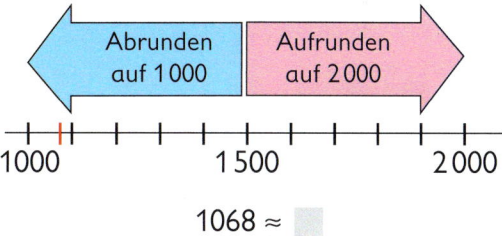

1 068 ≈ ▢

2 Die Kinder nennen Zahlen, die durch Runden auf Vielfache von 100 entstanden sind.

a)

Pit: „Meine Zahl heißt 8 500. Ich habe abgerundet. Welche Zahl habe ich gerundet?"
Tina antwortet: „Du könntest jede Zahl gerundet haben, die zwischen 8 500 und 8 550 liegt."
Hat Tina Recht?

b) Marlies: „Meine Zahl heißt 2 400. Ich habe aufgerundet."
Eva: „Meine Zahl heißt 4 700. Ich habe abgerundet."
Johannes: „Meine Zahl heißt 6 000. Ich habe abgerundet."
Welche Zahlen könnten Marlies, Eva und Johannes gerundet haben?

3 Runde auf Vielfache von 100 €!
a) 628 €   b) 327 €   c) 852 €
   550 €   409 €   376 €
   198 €   267 €   217 €

4 Runde auf Vielfache von 1 000 €!
a) 4 300 €   b) 4 159 €   c) 4 049 €
   1 700 €   9 099 €   8 499 €
   9 500 €   3 904 €   3 095 €

Addieren und Subtrahieren

1 In einer Süßwarenfabrik wurden in der Frühschicht 5 000 Tüten Bonbons produziert. In der Spätschicht waren es noch 2 000 Tüten mehr als in der Frühschicht. Aus der Produktion der Spätschicht werden 6 000 Tüten sofort an einen Händler ausgeliefert. Der Rest kommt in ein Warenlager.

a) Wie viele Tüten Bonbons wurden in der Spätschicht produziert?

b) Wie viele Tüten Bonbons aus der Spätschicht kommen in ein Warenlager?

```
   5 +    2 =    7
5000 + 2000 = 7000
```

```
   7 −    6 =    1
7000 − 6000 = 1000
```

2
a) 4 000 + 3 000
   6 000 + 3 000
   5 000 + 5 000

b) 9 000 − 7 000
   6 000 − 5 000
   10 000 − 4 000

c) 4 000 + 4 000
   8 000 − 3 000
   6 000 + 3 000

d) 2 000 + 3 000 + 1 000
   5 000 + 3 000 + 2 000
   4 000 + 3 000 + 2 000

3

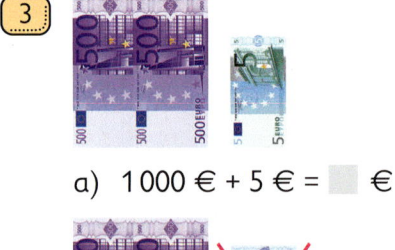

a) 1 000 € + 5 € = ▢ €

b) 3 000 € + 200 € = ▢ €

c) 1 020 € − 20 € = ▢ €

d) 2 050 € − 1 000 € = ▢ €

4
a) 2 000 € + 6 €
   8 009 € − 9 €
   6 000 € + 30 €

b) 4 000 € + 700 €
   3 060 € − 60 €
   1 840 € − 800 €

c) 5 000 € + 381 €
   3 000 € + 1 245 €
   9 542 € − 4 000 €

5
a) 5 000 + ▢ = 5 008
   7 000 + ▢ = 7 900
   4 000 + ▢ = 4 567
   1 200 + ▢ = 1 550

b) 7 080 − ▢ = 7 000
   6 750 − ▢ = 1 750
   5 630 − ▢ = 5 030
   2 110 − ▢ = 1 100

c) ▢ + 17 = 8 017
   ▢ − 613 = 2 000
   ▢ + 9 = 9 009
   ▢ − 60 = 3 010

6 2 600 Besucher kamen am Sonntag zur Ausstellung „Die schönsten Kinderbücher". Am Montag kamen 540 Besucher weniger als am Tag davor.

Addieren und Subtrahieren

1 1960 hatte die Gemeinde Glücksheim 5168 Einwohner. Inzwischen sind es 1351 Einwohner mehr als 1960.

Einwohnerzahl 1960: 5168
Einwohnerzahl heute: 5168 + 1351

Wie viele Einwohner sind das insgesamt? Rechne nach und beantworte die Frage!

T	H	Z	E
	5	1	6	8
+	1	3	5	1
		1		
	6	5	1	9

2 Am 1.6.2004 hatte Glücksheim 6419 Einwohner. Davon waren 3367 Einwohner weiblich. Wie viele männliche Einwohner hatte Glücksheim an diesem Tag? Rechne nach und beantworte die Frage!

T	H	Z	E
	6	4	1	9
−	3	3	6	7
		1		
	3	0	5	2

T	H	Z	E
	3	11	
	6	4̸	1̸	9
−	3	3	6	7
	3	0	5	2

3

a) 1432 + 3241
b) 2439 + 5317
c) 4286 + 2545

d) 4256 − 1142
e) 3877 − 2349
f) 6134 − 4520

4

a) E —+1270→ A

E	A
3520	
4190	
2723	

b) E —−3420→ A

E	A
5500	
8950	
7886	

5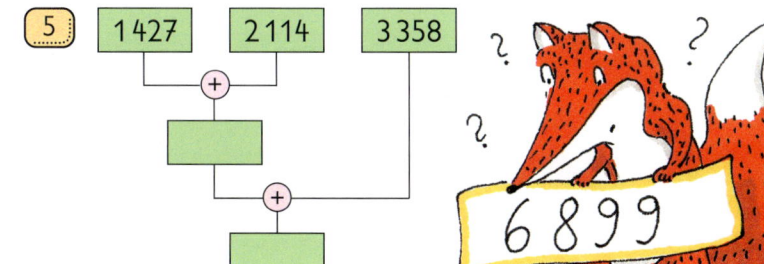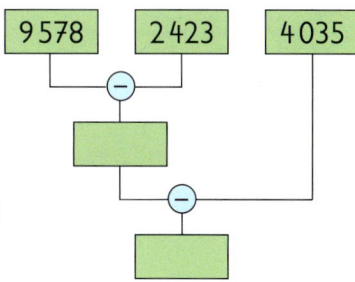

6

Ein Geschäftsmann fliegt von New York nach Frankfurt/Main. Am nächsten Tag fliegt er weiter nach Madrid.

a) Wie viel Kilometer legt der Geschäftsmann insgesamt zurück?
b) Bilde selbst weitere Aufgaben und löse sie!

Multiplizieren und Dividieren

1 In einem Warenhaus packt ein Verkäufer 9 Kartons mit je 200 Schokoladenfiguren aus. Die Figuren sollen gleichmäßig auf 6 Fächer eines Regals verteilt werden.
  a) Wie viele Schokoladenfiguren werden insgesamt ausgepackt?
  b) Wie viele Schokoladenfiguren stellt der Verkäufer in jedes Regalfach?

```
  9 · 200                    1800 : 6
 9 ·   2 =   18             18 : 6 =   3
 9 · 200 = 1800            1800 : 6 = 300
```

2 Bilde das Zehnfache von folgenden Zahlen!   Schreibe so:

⬭876 ⬭387 ⬭609 ⬭214 ⬭565 ⬭970 ⬭241   8 7 6 · 1 0 = 8 7 6 0

3 Bilde das Hundertfache von folgenden Zahlen!   Schreibe so:

◇92 ◇89 ◇16 ◇58 ◇90 ◇63 ◇75   9 2 · 1 0 0 = 9 2 0 0

4 Bilde das Tausendfache von folgenden Zahlen!   Schreibe so:

▷4 ▷5 ▷6 ▷2 ▷7 ▷9 ▷1   4 · 1 0 0 0 = 4 0 0 0

5 a)   : 5   b)   : 100   c)   : 1 000   d)   : 10
      3 500 ↻ ▪   1 600 ↻ ▪   8 000 ↻ ▪   2 600 ↻ ▪
              · 5   · 100   · 1 000   · 10

6 Rechne zur Kontrolle auch die Tauschaufgaben!

  a) 300 ·   7   b) 100 · 41   c)   10 · 57
       10 · 234   1000 · 3   1000 · 6
      1000 · 10   200 · 8   800 · 5
       400 ·   9   10 · 83   100 · 59

7 Bestimme fehlende Zahlen!

  ▪ : 100 = 25
  ▪ : 1000 =   9
  ▪ :   10 = 134
  ▪ :   6 = 500

8 Die Laufbahn des Sportplatzes ist 400 m lang. Sven läuft zweimal in der Woche 5 Runden. Sein großer Bruder Stefan ist schon einmal 8 Runden hintereinander gelaufen.
  a) Bilde Aufgaben und löse sie!
  b) Vergleiche mit Strecken, die bei Sportwettkämpfen gelaufen werden!

Multiplizieren und Dividieren

1
a) 50 →·30→ 1500; 50 ·3→ 150 ·10→ 1500
b) 60 →·40→ ▢; 60 ·4→ ▢ ·10→ ▢
c) 8 →·700→ ▢; 8 ·7→ ▢ ·100→ ▢
d) 2 →·4000→ ▢; 2 ·4→ ▢ ·1000→ ▢

2
a) 3200 →:40→ 80; 3200 :10→ 320 :4→ 80
b) 4800 →:80→ ▢; 4800 :10→ ▢ :8→ ▢
c) 2400 →:600→ ▢; 2400 :100→ ▢ :6→ ▢
d) 6000 →:3000→ ▢; 6000 :1000→ ▢ :3→ ▢

3 Kannst du die Aufgaben lösen, die Tina sich ausgedacht hat?

- Berechne das Produkt aus 25 und 30!
- Berechne das Produkt aus 300 und 20!
- Wie groß ist der Quotient aus 4200 und 6?
- Welchen Quotienten erhältst du beim Dividieren von 5400 durch 90?

4
a) 2 · 300 = ▢ ; 20 · 30 = ▢ ; 2 · 3000 = ▢
b) 5 · 200 = ▢ ; 50 · 20 = ▢ ; 5 · 2000 = ▢
c) 9 · 100 = ▢ ; 90 · 10 = ▢ ; 9 · 1000 = ▢
d) 4 · 200 = ▢ ; 40 · 20 = ▢ ; 4 · 2000 = ▢

5
a) 640 : 8 = ▢ ; 6400 : 80 = ▢ ; 6400 : 800 = ▢
b) 270 : 9 = ▢ ; 2700 : 90 = ▢ ; 2700 : 900 = ▢
c) 450 : 5 = ▢ ; 4500 : 50 = ▢ ; 4500 : 500 = ▢
d) 810 : 9 = ▢ ; 8100 : 90 = ▢ ; 8100 : 900 = ▢

6
a) Ein Kilogramm Rotbuchensamen enthält über 4000 Samen. Wie viele Bäume kann man aus 2 kg Samen ziehen?
b) Eine Buche kann 300 Jahre alt werden. Wie alt können zehn Buchen werden?

7
a) 3 · 400 + 6 · 400 ; 2 · 600 + 5 · 600 ; 4 · 900 + 3 · 900
b) 8 · 500 − 3 · 500 ; 9 · 200 − 7 · 200 ; 5 · 800 − 2 · 800
c) (35 + 16) · 100 ; (53 − 49) · 1000 ; 1000 · (55 − 45)

8
a) 2 · 4000 ◯ 4000 · 2 ; 5 · 300 ◯ 500 · 3 ; 5 · 800 ◯ 2 · 800 ; 4 · 1000 ◯ 60 · 80
b) 3600 : 60 ◯ 3600 : 40 ; 1200 : 40 ◯ 2400 : 80 ; 5600 : 70 ◯ 2800 : 70 ; 3200 : 80 ◯ 1600 : 40

Einheiten der Länge

1 km	=	1000 m
1 m	=	10 dm
1 m	=	100 cm
1 m	=	1000 mm
1 dm	=	10 cm
1 cm	=	10 mm

Ganz schön lang.

1 Nenne Dinge, die etwa 1 mm, 1 cm, 1 dm oder 1 m lang sind! Überprüfe durch Messen!

2 Welche Einheit würdest du verwenden?
a) Länge eines Spielplatzes
b) Entfernung von Dresden bis Rostock
c) Länge eines Bleistiftes
d) Länge eines Fisches
e) Dicke einer Eisschicht
f) Entfernung zwischen Schule und Turnhalle

3 Wandle in die nächstgrößere Einheit um!
a) 2 000 m   b) 400 cm   c) 80 mm   d) 50 dm
   10 000 m   6 000 cm   560 mm   90 dm
   3 500 m   5 400 cm   3 500 mm   120 dm

4 Wandle in die nächstkleinere Einheit um!
a) 90 cm   b) 150 dm   c) 1,500 km   d)* 0,750 km
   563 cm   45 m   2,400 km   1,94 m
   945 cm   250 m   8,600 km   10 km

Statt 1,500 km kannst du 1,5 km schreiben.

5 Ordne folgende Höhlen nach ihrer Länge!

Bärenhöhle (Schwäbische Alb)	271 m
Teufelshöhle (Fränkische Schweiz)	1 500 m
Mammuthöhle (Österreich)	25 km
Barbarossahöhle (Harzvorland)	1 300 m
Katerloch (Österreich)	1,5 km
Neptunhöhle (Italien)	860 m
Eisriesenwelt (Österreich)	4,4 km
Hölloch (Schweiz)	175 km
Hermannshöhle (Harz)	1 700 m
Nebelhöhle (Fränkische Schweiz)	380 m

6 <, > oder = ?
a) 2 km 50 m ◯ 9 km 400 m   b) 9,750 km ◯ 975 m
   4 km 8 m ◯ 4 km 80 cm   2,060 km ◯ 2 006 m
   3 m 70 cm ◯ 3 m 700 mm   5,609 km ◯ 5 690 m

Schätzen

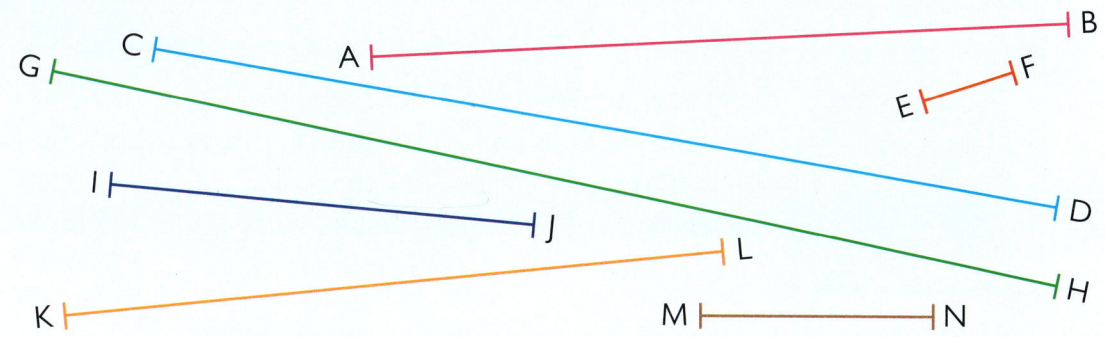

1 a) Schätze die Längen der abgebildeten Strecken! Schreibe deine Schätzergebnisse ins Heft!
b) Miss die Länge jeder Strecke! Vergleiche die Messergebnisse und die Schätzergebnisse miteinander!

Strecke	$\overline{AB}$
geschätzt	10 cm
gemessen	9,5 cm

2

Versuche, ohne ein Hilfsmittel Strecken mit folgenden Längen auf Zeichenpapier zu zeichnen!

a) 10 cm   b) 7 cm   c) 5 mm
d) 20 mm   e) 25 cm   f) 35 mm

Überprüfe deine Zeichnungen!

3

Wer aus eurer Klasse kann am besten schätzen?
Jemand zeichnet eine Strecke an die Tafel. Die anderen wissen nicht, wie lang die Strecke ist. Sie sollen deren Länge schätzen. Jeder darf nur einmal schätzen. Wer am genauesten geschätzt hat, darf die nächste Strecke an die Tafel zeichnen.

4 a) Pit und Tim wandern zu einer Burg.
Pit: „Ich schätze, noch 500 Meter, dann sind wir am Ziel."
Tim: „Ich glaube, es ist noch $\frac{1}{2}$ km."

b) Ulla zeigt Ria ihr neues Aquarium.
Ulla: „Mein Aquarium ist $\frac{1}{4}$ m lang."
Ria: „Ich glaube, es sind nur 25 cm."

Was sagst du dazu?

5

a) Schätze, welches Verkehrsmittel am schwersten ist!

b) Versuche, die vier Verkehrsmittel nach dem Gewicht zu ordnen! Beginne mit dem leichtesten Verkehrsmittel!

Die Zahlen bis 1 000 000

1

SONNTAGSZEITUNG – IMMOBILIENMARKT

Bungalow am Wald in 04683 Fuchshain .... 36 000 €
Einfamilienhaus in 74731 Storchdorf ...... 260 000 €
Geschäftshaus in 06766 Wolfen .... 940 000 €
Reihenhaus in 15518 Hasenfelde .... 129 000 €
Zweifamilienhaus in 23909 Hundebusch .... 425 000 €

Welche Zahlenangaben aus der Anzeige kannst du schon lesen?

2

Wie kann ich die Zahl 253 679 zerlegen?

200 000 + 50 000 + 3 000 + 600 + 70 + 9
2 HT + 5 ZT + ☐ T + ☐ H + ☐ Z + ☐ E

253 679

zweihundertdreiundfünfzigtausendsechshundertneunundsiebzig

3

Lies die Zahl!
Schreibe sie wie oben als Summe auf!
Die Stellentafel kann dir dabei helfen.

a) 56 788
   509 720
   930 265

b) 90 909
   670 121
   800 562

c) 60 893
   140 096
   440 660

4 Welche Zahl ist gemeint?

a)
6 H 3 ZT
4 E 2 HT
1 Z 8 T

b)
5 ZT 7 H
4 HT 9 E
2 Z

c)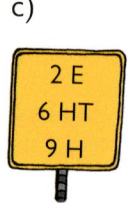
2 E
6 HT
9 H

1 000 000	100 000	10 000	1 000	100	10	1
Million	hundert-tausend	zehn-tausend	tausend	hundert	zehn	eins
1 M = 10 HT	1 HT = 10 ZT	1 ZT = 10 T	1 T = 10 H	1 H = 10 Z	1 Z = 10 E	1 E

5 Lies vor! Trage dann die Zahl in eine Stellentafel ein!

M	HT	ZT	T	H	Z	E
	3	7	1	5	1	2

a) dreihunderteinundsiebzigtausendfünfhundertzwölf
b) siebenhundertzwanzigtausenddreihundert
c) fünfhundertneunzigtausendvierhundertzwei
d) eine Million fünfhunderttausend
e) achthundertdreitausendeinhundertsechsundfünfzig
f) neunzigtausenddrei
g) vierhundertvierundvierzigtausendeinhundertelf

Das sind ja richtige Zahlenriesen.

Die Zahlen bis 1 000 000

1. a) Welche Zahl zeigt die Stellentafel?
   b) Stell dir vor, du darfst ein Plättchen dazulegen. Wo legst du es hin, damit die Zahl viel größer wird?
   c) Stell dir vor, du darfst ein Plättchen wegnehmen. Welche Zahlen könnten entstehen?

HT	ZT	T	H	Z	E
•	••	••	••	•	••
	••	•			••
					•

2. a) Zähle in Zehntausenderschritten bis einhunderttausend!
   b) Zähle in Tausenderschritten von 40 000 bis 50 000!
   c) Zähle in Hunderterschritten von 65 000 bis 66 000!
   d) Zähle in Zehnerschritten von 92 750 bis 92 850!
   e) Zähle in Einerschritten von 81 344 bis 81 354!

Versuche es auch einmal rückwärts!

3. Nenne jeweils Vorgänger und Nachfolger!

54 387	32 804	60 931	18 520	29 700	98 200
45 002	82 178	71 103	90 410	67 000	30 000

4. a) Zähle in Hunderttausenderschritten bis eine Million!
   b) Zähle in Zehntausenderschritten von 300 000 bis 400 000!
   c) Zähle in Tausenderschritten von 890 000 bis 910 000!
   d) Zähle in Hunderterschritten von 550 000 bis 551 000!
   e) Zähle in Zehnerschritten rückwärts von 700 050 bis 699 930!

5. a) Denke dir eine sechsstellige Zahl aus und trage sie in eine Stellentafel ein! Diktiere nun die Zahl deinem Nachbarn! Vergleiche!
   b) Wie heißt die kleinste fünfstellige Zahl, deren Ziffern alle gleich sind?
   c) Wie heißt die größte und wie heißt die kleinste sechsstellige Zahl?
   d) Wie heißt die größte und wie heißt die kleinste fünfstellige Zahl, deren Ziffern voneinander verschieden sind?

Vergleichen und Ordnen der Zahlen bis 1 000 000

1 Sprich über das Vergleichen sechsstelliger Zahlen!
a) 412 638 und 245 791
b) 376 912 und 398 235

HT	ZT	T	H	Z	E
4	1	2	6	3	8

HT	ZT	T	H	Z	E
2	4	5	7	9	1

HT	ZT	T	H	Z	E
3	7	6	9	1	2

HT	ZT	T	H	Z	E
3	9	8	2	3	5

4 HT > 2 HT
412 638 > 245 791

3 HT = 3 HT
7 ZT < 9 ZT
376 912 < 398 235

2 < oder > ?
a) 266 789 ● 357 412
   689 341 ● 567 890
   134 572 ● 34 678
b) 456 721 ● 398 732
   562 232 ● 546 873
   99 843 ● 245 123
c) 608 923 ● 679 925
   835 431 ● 825 411
   419 124 ● 489 871

3 Vergleiche! Beschreibe, wie du vorgehst!
a) 341 791 und 342 635
b) 915 918 und 915 227

HT	ZT	T	H	Z	E
3	4	1	7	9	1

HT	ZT	T	H	Z	E
3	4	2	6	3	5

341 791 ● 342 635

HT	ZT	T	H	Z	E
9	1	5	9	1	8

HT	ZT	T	H	Z	E
9	1	5	2	2	7

915 918 ● 915 227

4 < oder > ?
a) 58 231 ● 68 903
   74 392 ● 78 931
   67 199 ● 67 099
b) 458 021 ● 312 146
   832 554 ● 897 811
   143 689 ● 143 680
c) 56 711 ● 56 789
   235 321 ● 235 316
   99 879 ● 99 878

5

Der Freizeitpark „Wasserspiele" meldete im Sommer folgende Besucherzahlen:

Juni	Juli	August	Sept.
19 873	24 346	21 327	21 198

Vergleiche die Besucherzahlen folgender Monate miteinander!
a) Juni und Juli
b) Juli und August
c) August und September
d) Juni und September

6 Ordne! Beginne mit der kleinsten Zahl!
63 145, 736 450, 61 354, 736 540, 631 450, 703 645, 9 996

Vergleichen und Ordnen der Zahlen bis 1 000 000

1 Gib 10 Zahlen an,
a) die größer als 34 500 sind,
b) die kleiner als 34 600 sind,
c) die zwischen 34 950 und 35 050 liegen!

```
|—————|—————|—————|—————|—————|—————|—————|—————|—————|—————|—————|
34 100  34 200  34 300  34 400  34 500  34 600  34 700  34 800  34 900  35 000  35 100
```

2 Nenne zu jeder Zahl
a) den Vorgänger und den Nachfolger,
b) die benachbarten Hunderter,
c) die benachbarten Tausender,
d) die benachbarten Zehntausender,
e) die benachbarten Hunderttausender!

743 687	432 247
157 890	341 020
782 000	200 000

3 Wie heißt der Papagei? Durch Ordnen der Zahlen findest du es heraus. Beginne mit der größten Zahl!

75 438	A
64 380	L
90 431	H
75 412	R
64 315	I
41 997	E
91 739	C

Ich heiße... wie heißt du?

4 Herr Kasper will einen Gebrauchtwagen kaufen. Er vergleicht den Kilometerstand bei drei Autos vom gleichen Typ.

Kannst du ihm raten?

5 Ordne folgende Preise! Beginne mit dem günstigsten Angebot!

20 990 €
12 600 €
10 850 €
19 500 €

6 Ordne die folgenden Städte nach ihren Einwohnerzahlen!

Schwerin	99 900
Dresden	478 000
Magdeburg	229 000
Leipzig	493 000
Potsdam	130 400
Chemnitz	255 000
Berlin	3 388 400
Erfurt	200 000

7 Runde auf volle Tausender! Dann ordne die gerundeten Zahlen nach der Größe! Beginne mit der kleinsten Zahl!

Abrunden
4 7 1 9 1 ≈ 4 7 0 0 0
1 2 4 9 5 ≈ 1 2 0 0 0

Aufrunden
3 4 5 0 0 ≈ 3 5 0 0 0
2 6 8 9 2 ≈ 2 7 0 0 0

a) 34 111   50 927   90 499
   75 502   42 219   63 399
   78 231   81 500   89 513

b) 28 641   53 350   15 381
   94 950   98 319   11 278
   10 500   52 578   53 501

Grafisches Darstellen von Zahlen in Diagrammen

1 In Steinhausen gibt es drei Grundschulen. In der Waldschule lernen 140 Kinder in der Klassenstufe 4. In der Felsenschule sind es dagegen 110 Kinder, in der Burgschule 180 Kinder.

> Beim Vergleichen von Zahlen helfen dir **Schaubilder** und **Diagramme**.

a) Übertrage das Streifendiagramm in dein Heft!
b) Wie viele Kinder gehen in die 4. Klassen deiner Schule?
c) Ergänze das Diagramm durch einen Streifen für deine Schule!

2 Eine Fabrik für CD-Rohlinge produziert an drei Standorten. Täglich werden folgende Mengen hergestellt: Klangheim 15 000, Tonberg 17 000, Lauthausen 13 000 CD-Rohlinge. Simon zeichnet dazu ein Schaubild.

Klangheim: ⊙⊙⊙⊙⊙⊙⊙⊙⊙⊙⊙⊙⊙⊙⊙
Tonberg: ⊙⊙⊙⊙⊙⊙⊙⊙⊙⊙⊙⊙⊙⊙⊙⊙⊙
Lauthausen:

Wie viele CDs muss Simon für Lauthausen aufzeichnen?

Grafisches Darstellen von Zahlen in Diagrammen

1
a) Wie lange schlafen die Tiere an einem Tag?
b) Was kannst du noch aus dem Streifendiagramm ablesen?
c) Zeichne das Diagramm in dein Heft! Ergänze es durch weitere Streifen!
Eine Giraffe schläft 4 Stunden, ein Pferd 5 Stunden und eine Katze sogar 13 Stunden an einem Tag.

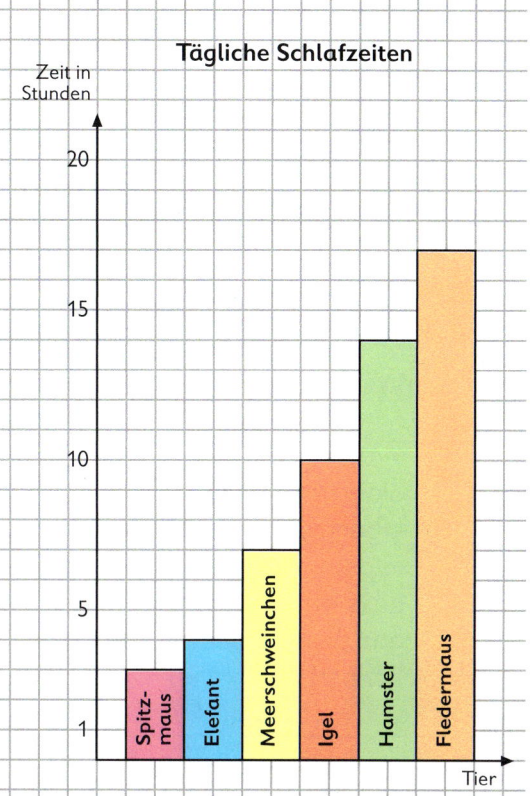

2 Manjana hat ein Jahr lang, immer am ersten Tag jedes Monats um 18 Uhr, am Außenthermometer die Lufttemperatur abgelesen. Die Temperatur hat sie in einem Streifendiagramm veranschaulicht.

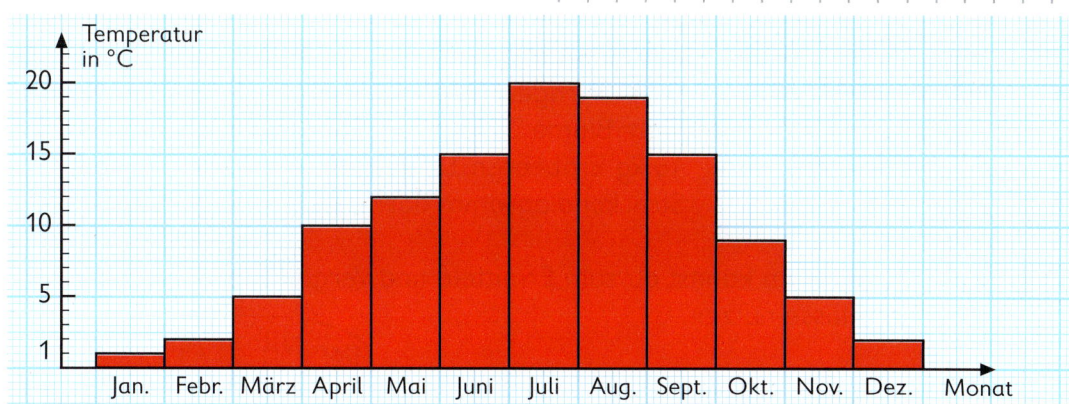

a) Was kannst du aus dem Streifendiagramm ablesen?
b) Miss an einem Sonnabend von 8 Uhr bis 18 Uhr alle zwei Stunden die Außentemperatur!
Veranschauliche deine Ergebnisse in einem Streifendiagramm!

3 Tobias spart seit einem halben Jahr für einen neuen MP3-Player. Monatlich konnte er dafür zwischen 2 € und 10 € sparen.

Okt.	Nov.	Dez.	Jan.	Febr.	März
5 €	2 €	10 €	4 €	5 €	6 €

Zeichne ein Streifendiagramm, das die monatlichen Ersparnisse darstellt!

Grafisches Darstellen von Zahlen in Diagrammen

1 Aus der Tabelle kannst du ablesen, wie alt Bäume werden können:

Buche	300 Jahre
Eibe	1 000 Jahre
Tanne	500 Jahre
Zeder	1 000 Jahre
Fichte	500 Jahre
Eiche	1 200 Jahre
Linde	1 100 Jahre
Ulme	600 Jahre

Zeichnet man in einem Diagramm statt Streifen Strecken, so entsteht ein **Streckendiagramm**.

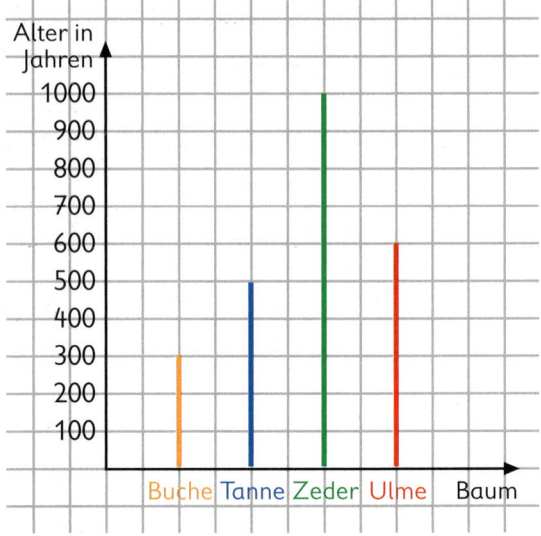

a) Was kannst du aus dem Streckendiagramm ablesen?
b) Übertrage das Streckendiagramm in dein Heft und ergänze es so, dass du alle Angaben der Tabelle aus deinem Diagramm ablesen kannst!

2  Fünf Gartenfreunde tauschen untereinander ihre Erfahrungen im Obstanbau aus. Bei der Erdbeerernte hatten sie trotz gleicher Anbaufläche recht unterschiedliche Erträge. Herr Rose erntete 19 kg, Herr Kohl 14 kg, Herr Blume 23 kg, Herr Spargel 18 kg und Herr Stamm 16 kg Erdbeeren. Stelle diese Angaben in einem Streckendiagramm dar!

3 Dieses Diagramm kannst du zum Ermitteln und Vergleichen der Längen einiger deutscher Flüsse nutzen.

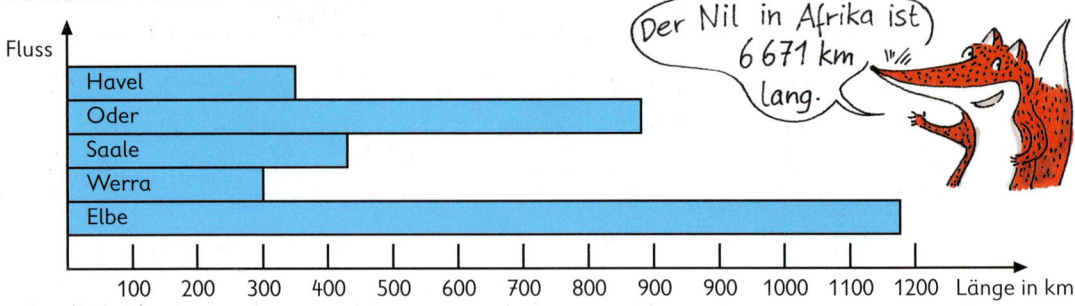

a) Was für ein Diagramm wurde hier dargestellt? Wodurch unterscheidet es sich von anderen dir bekannten Diagrammen?
b) Ermittle für jede Flusslänge einen Näherungswert!
c) Suche in Zeitungen nach Bildern mit Diagrammen und bringe sie mit! Sprich im Unterricht darüber!

Addieren und Subtrahieren

Mündliches Addieren und Subtrahieren

1 Zu einem Fußballspiel der Bundesliga kamen 30 000 Zuschauer. Das Rückspiel besuchten noch 20 000 Zuschauer mehr als das Hinspiel. Wie viele Zuschauer sahen das Rückspiel?

3 + 2 = 5
30 000 + 20 000 = 50 000

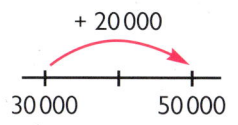

Von 60 000 Zuschauerplätzen eines Stadions sind 20 000 Stehplätze, die anderen sind Sitzplätze.
Wie viele Sitzplätze gibt es im Stadion?

6 − 2 = 4
60 000 − 20 000 = 40 000

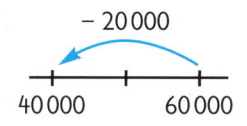

a) 50 000 + 20 000
40 000 + 60 000

b) 90 000 − 10 000
70 000 − 30 000

c) 80 000 − ▭ = 60 000
10 000 + ▭ = 70 000

2

34 + 21 = 55
34 000 + 21 000 = 55 000

38 − 23 = 15
38 000 − 23 000 = 15 000

a) 45 000 + 13 000
26 000 + 52 000
11 000 + 79 000

b) 68 000 + 27 000
49 000 + 43 000
33 000 + 58 000

c) 86 000 − 12 000
73 000 − 52 000
65 000 − 25 000

d) 54 000 − 16 000
85 000 − 37 000
61 000 − 29 000

3 a)

+	3 000	50 000	18 000
43 000			
35 000			

b)

−	6 000	20 000	9 000
67 000			
41 000			

4 a) 30 000 + 4 172
30 000 + 589
30 000 + 24
30 000 + 7

b) 50 000 + 1 206
72 000 + 392
4 357 + 60 000
91 + 18 000

c) 38 654 − 10 000
52 617 − 20 000
99 999 − 30 000
71 902 − 50 000

d) 16 212 − 2
40 774 − 74
73 628 − 628
85 306 − 5 306

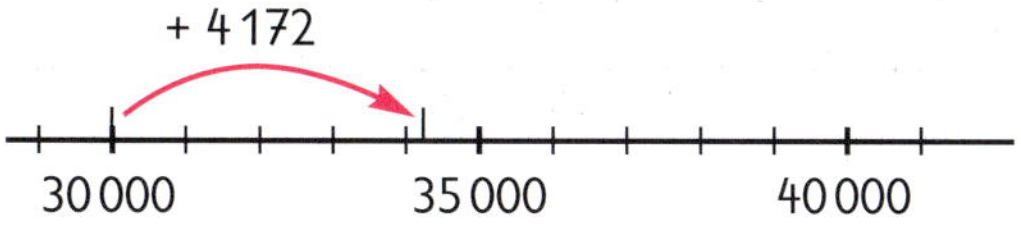

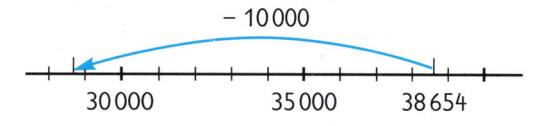

5 Wie heißt die Summe der Zahlen 72 000 und 28 000?

Subtrahiere von 44 444 die Zahl 4 444!

35

Mündliches Addieren und Subtrahieren

1 In einem Druckereibetrieb werden 200 000 Schreibhefte und 100 000 Rechenhefte hergestellt.
Wie viele Hefte sind das insgesamt?

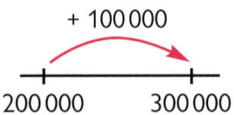

$$2 + 1 = 3$$
$$200\,000 + 100\,000 = 300\,000$$

Eine Tageszeitung soll eine Auflage von 200 000 Exemplaren haben. Um Mitternacht sind bereits 100 000 Zeitungen gedruckt. Wie viele Zeitungen müssen noch gedruckt werden?

$$2 - 1 = 1$$
$$200\,000 - 100\,000 = 100\,000$$

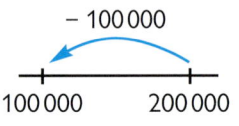

a) 400 000 + 200 000
    300 000 + 600 000

b) 800 000 − 500 000
    400 000 − 400 000

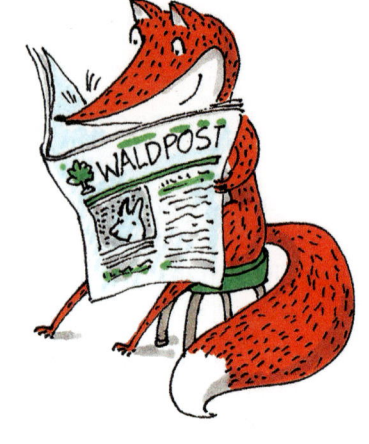

c) 100 000 + ◻ = 900 000
    600 000 − ◻ = 200 000

2

$$21 + 14 = 35$$
$$210\,000 + 140\,000 = 350\,000$$

$$37 - 12 = 25$$
$$370\,000 - 120\,000 = 250\,000$$

a) 250 000 + 130 000
    360 000 + 440 000
    580 000 + 360 000

b) 560 000 − 130 000
    720 000 − 350 000
    910 000 − 570 000

c) 870 000 − 80 000
    90 000 + 650 000
    740 000 − 290 000

3

a) 600 000 + 24 385
    300 000 + 1 780
    416 + 900 000
    77 + 700 000
    4 + 500 000

b) E $\xrightarrow{+\,200\,000}$ A

E	A
45 719	
804	
6 328	
3	

4

a) E $\xrightarrow{-\,300\,000}$ A

E	A
864 315	
673 924	
529 743	
783 610	

b) 251 625 − 51 625
    790 863 − 863
    638 024 − 8 024
    436 790 − 90
    941 217 − 7

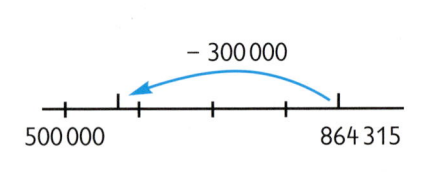

5 Die Renovierung einer Turnhalle kostet insgesamt 117 000 €.
Allein für ein neues Dach werden 30 000 € ausgegeben.
Wie teuer sind die übrigen Renovierungsarbeiten?

Mündliches Addieren und Subtrahieren

1 a)

+	7	16	205	23 000
26 000				
39 000				

b)

−	4	54	654	3654
53 654				
18 654				

2 a) 450 + ▭ = 500
4 500 + ▭ = 5 000
45 000 + ▭ = 50 000
450 000 + ▭ = 500 000

b) 380 − ▭ = 200
3 800 − ▭ = 2 000
38 000 − ▭ = 20 000
380 000 − ▭ = 200 000

3 a) 27 000 + ▭ = 42 000
330 000 + ▭ = 780 000
▭ + 49 000 = 95 000
▭ + 610 000 = 830 000

b) 59 000 − ▭ = 34 000
740 000 − ▭ = 170 000
▭ − 28 000 = 46 000
▭ − 520 000 = 210 000

4

Axel hat auf einen Zettel neun Zahlen geschrieben.
Welche seiner Zahlen erfüllen die Ungleichungen?

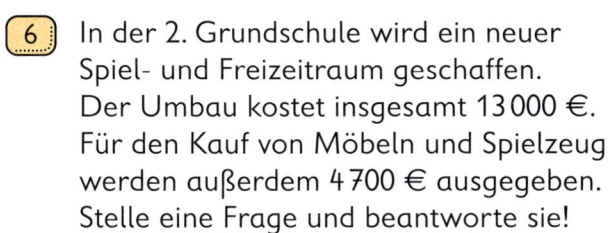

Zahlen: 3, 1000, 300, 1300, 90 000, 0, 5000, 1, 20

a) 46 000 + ▭ < 59 000
b) 192 000 + ▭ < 193 000
c) 799 997 + ▭ < 800 000
d) 63 000 − ▭ > 61 000
e) 501 620 − ▭ > 501 000
f) 777 787 − ▭ > 777 778

5

Addiere die Zahlen 29 000 und 3100!

Wie heißt die Differenz der Zahlen 15 847 und 15 347?

6 In der 2. Grundschule wird ein neuer Spiel- und Freizeitraum geschaffen. Der Umbau kostet insgesamt 13 000 €. Für den Kauf von Möbeln und Spielzeug werden außerdem 4700 € ausgegeben. Stelle eine Frage und beantworte sie!

7

a) 62 000 € + 27 000 €
199 000 € + 54 000 €
270 000 € + 110 000 €

b) 85 000 € − 21 000 €
203 000 € − 43 000 €
460 000 € − 150 000 €

c) 84 000 € − 37 000 €
16 000 € + 28 000 €
51 000 € − 19 000 €

Schriftliches Addieren

In einer Mosterei werden an einem Tag 26 150 Flaschen Apfelsaft und 1825 Flaschen Birnensaft abgefüllt. Wie viele Flaschen Saft sind das insgesamt?

```
  26 150    Ü: 26 000 + 2 000 = 28 000
+  1 825
  27 975    V: 27 975 ≈ 28 000
```

1 Überschlage zuerst, dann rechne genau und vergleiche!

a) 5 201 + 382
b) 4 352 + 2 013
c) 12 813 + 4 156
d) 3 814 + 35 112
e) 73 195 + 802

f) 6 241 + 1 538
g) 22 382 + 4 014
h) 527 + 18 160
i) 61 705 + 7 142
j) 46 035 + 32 813

2

```
   3 2 6 1 4    Ü: 3 8 0 0 0
 +   4 7 2 0
         1
   3 7 3 3 4    V: 3 7 3 3 4 ≈ 3 8 0 0 0
```

Achte auf den Übertrag!

a) 5 317 + 2 124
b) 68 102 + 739
c) 3 586 + 46 152
d) 28 937 + 50 251
e) 864 + 65 041

f) 23 456 + 71 352
g) 41 327 + 941
h) 70 583 + 8 612
i) 1 403 + 68 803
j) 91 615 + 29 860

3
a) 33 615 + 3 847 =
b) 62 918 + 19 035 =
c) 7 426 + 75 430 =
d) 892 + 14 176 =

4
a) Addiere 7 325 und 6 132!
b) Ein Summand ist 463, der andere 53 174. Wie heißt die Summe?

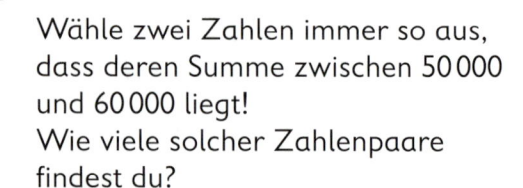

5 Wähle zwei Zahlen immer so aus, dass deren Summe zwischen 50 000 und 60 000 liegt! Wie viele solcher Zahlenpaare findest du?

31 620   607   83 162   7 096
52 819   51 999   23 815

Schriftliches Addieren

1 a) E —+ 457→ A
218	
3 035	
8 607	
19 192	

b) E —+ 2 609→ A
333	
4 004	
7 628	
21 571	

c) E —+ 13 870→ A
415	
8 726	
3 498	
42 068	

2 a)
+	303	3 303	69 303	32 526
707				
2 532				

b)
+	185	16 736	182 249
1 654			
12 375			

3 Rechne mit Zifferntreppen!

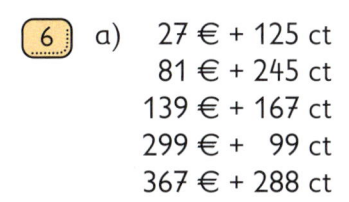

a) 12 345   b) 23 45*   c) 34 5**   d) 45 ***
  + 41 976   + 41 976   + 41 976   + 41 976

4 a) 4 317 €   b) 12 375 €   c) 3 619 €   d) 62 804 €
    + 2 530 €   + 32 019 €   + 54 243 €   +   365 €

5 a) 586 km   b) 473 m   c) 1 815 kg   d) 6 213 g   e) 37 420 l
    + 803 km   + 1 502 m   + 3 069 kg   + 41 304 g   +   699 l

6 a) 27 € + 125 ct   *Achte auf die Einheiten!*   b) 53 € + 1,42 €
       81 € + 245 ct   3,62 € + 6,34 €
      139 € + 167 ct   14,86 € + 5,10 €
      299 € + 99 ct   17,99 € + 4,65 €
      367 € + 288 ct   93,95 € + 8,46 €

7 Der Förderverein einer Schule für körperbehinderte Kinder will Musikinstrumente und Spielgeräte kaufen. Er stellt dafür 2 750 € zur Verfügung. Durch eine Spendenaktion kommen von den Eltern noch 1 846 € hinzu. Wie viel Euro stehen damit insgesamt zur Verfügung?

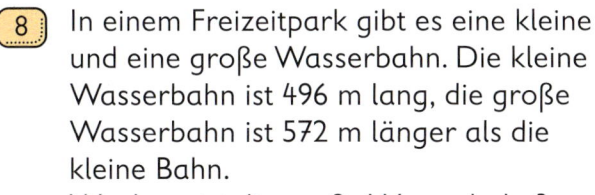

8 In einem Freizeitpark gibt es eine kleine und eine große Wasserbahn. Die kleine Wasserbahn ist 496 m lang, die große Wasserbahn ist 572 m länger als die kleine Bahn.
Wie lang ist die große Wasserbahn?

Schriftliches Addieren mit mehr als zwei Summanden

In einer großen Bäckerei werden an einem Tag 420 Stück Apfelkuchen, 313 Stück Kirschkuchen und 362 Stück Pflaumenkuchen verkauft.
Wie viele Kuchenstücke sind das insgesamt?

```
   420     Ü: 400 + 300 + 400 = 1 100
 + 313
 + 362
  1095     V: 1095 ≈ 1 100
```

1 Überschlage zuerst, dann rechne genau und vergleiche!

a) 641   b) 2 314   c) 4 712   d) 6 231   e) 34 304
  + 703   + 3 420   + 2 053   +   532   + 2 180
  + 524   +   231   + 1 101   + 2 015   + 12 412

f) 5 117   g) 8 635   h) 17 362   i) 35 614   j) 66 421
 + 2 203   + 1 012   +   481   + 2 538   + 3 542
 + 1 465   +   129   + 2 125   + 1 437   + 17 863

2 a) 4 305 + 172 + 6 211 =   b) 51 462 + 39 + 504 + 6 135 =
       731 + 1 240 + 21 304 =   8 201 + 123 + 4 177 + 91 802 =

3 In jedem Summenkreuz muss die Summe aller Zahlen des blauen Rechtecks mit der Summe aller Zahlen des roten Rechtecks übereinstimmen.
a) Welche Kreuze sind Summenkreuze? Begründe!
b) Stelle selbst ein Summenkreuz zusammen!

```
         845                  486
914  732  646         653  1 203  567
         615                  734

                  1 207
              909  5 645  730
                   431
```

4
a) Berechne die Summe von drei aufeinander folgenden Zahlen! Die kleinste Zahl ist 6 399.
b)* Addiere zum Vorgänger von 1 000 das Doppelte von 2 415!
c) Daniel behauptet, dass die Summe der Zahlen 178, 718 und 871 größer als 1 718 ist. Hat Daniel Recht? Begründe!

5 Die Blumenbeete einer Parkanlage werden mit 435 gelben, 475 weißen und 560 blauen Stiefmütterchen bepflanzt.
Wie viele Stiefmütterchen werden insgesamt gepflanzt?

Schriftliches Addieren mit mehr als zwei Summanden

1
```
  1 1 7
+ 4 3 9
+ 9 4 3
```
a) Sandro rechnet an der Einerstelle so: 7 + 3 + 9 = 19. Begründe, warum Sandro so rechnen darf!
b) An welcher anderen Stelle kann Sandro auch vorteilhaft rechnen?

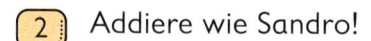

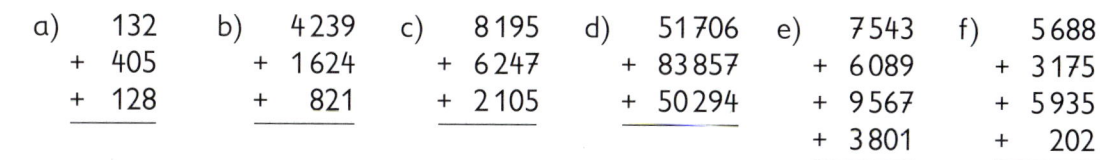

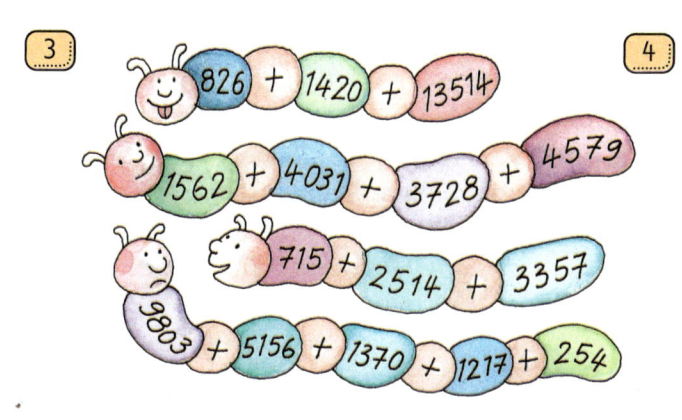

Vorteilhaft! Vorteilhaft!

2 Addiere wie Sandro!

a)	132	b)	4 239	c)	8 195	d)	51 706	e)	7 543	f)	5 688
+	405	+	1 624	+	6 247	+	83 857	+	6 089	+	3 175
+	128	+	821	+	2 105	+	50 294	+	9 567	+	5 935
								+	3 801	+	202

3 826 + 1420 + 13514

1562 + 4031 + 3728 + 4579

715 + 2514 + 3357

9803 + 5156 + 1370 + 1217 + 254

4 Die Sportgemeinschaft „Fortuna" kauft für 350 € Fußbälle, für 519 € Trikots und für 1 479 € Trainingsanzüge.
Wie viel Euro muss die Sportgemeinschaft insgesamt bezahlen?

5 Überschlage zuerst, dann rechne genau und vergleiche!

a)	412 €	b)	2 635 €	c)	999 €	d)	7 167 €	e)	1 534 €
+	789 €	+	120 €	+	6 423 €	+	1 238 €	+	3 201 €
+	98 €	+	4 475 €	+	1 111 €	+	901 €	+	2 575 €

6
a) 815 g + 650 g + 725 g

b) 1 436 kg + 2 370 kg + 4 108 kg

c) 4 165 l + 2 513 l + 1 097 l

7
a) 62 € + 105 ct + 130 ct
83 € + 2,70 € + 10,15 €

b) 71 m + 250 cm + 85 cm
620 m + 4,35 m + 12,80 m

8 Bei einem Triathlonwettbewerb in Neuhausen mussten die Sportler zuerst 1 450 m schwimmen, dann 40 km Rad fahren und schließlich 9 550 m laufen.
Wie viel Kilometer mussten die Sportler insgesamt zurücklegen?

Geometrie — **Körper, Flächen, Strecken, Punkte**

1 a) Suche in der Abbildung nach Gegenständen, die die Form eines Würfels oder die Form einer Kugel haben!
b) Welche anderen Körperformen kennst du noch?
Suche in der Abbildung nach Beispielen dafür! Beschreibe die entsprechenden Gegenstände!
c) Fertige eine solche Tabelle an:

Kugel	Würfel	Quader

Trage in die obere Zeile die Namen weiterer Körperformen ein!
Schreibe darunter jeweils die Namen von Gegenständen, die diese Körperform haben!

2 Wähle für jede Körperform einen abgebildeten Gegenstand aus und stelle fest,
a) von wie vielen Flächen er begrenzt wird,
b) wie viele Ecken er hat,
c) wie viele Kanten er hat!

3 a) Nenne Gegenstände der Abbildung, an denen du Dreiecke erkennst!
b) Welche anderen Flächenformen kennst du noch?
An welchen Gegenständen der Abbildung findest du diese Flächenformen?
c) Zeichne Freihandskizzen von Quadraten, Rechtecken und Kreisen!

4
Kevin will aus farbigen Trinkröhrchen und Knetmasse einen Würfel bauen.
Als Bauplan nutzt er die rechts abgebildete Zeichnung.

a) Wie viele Knetkügelchen muss Kevin formen?
b) Wie viele Trinkröhrchen braucht Kevin?
c) In welcher Reihenfolge könnte er vorgehen?

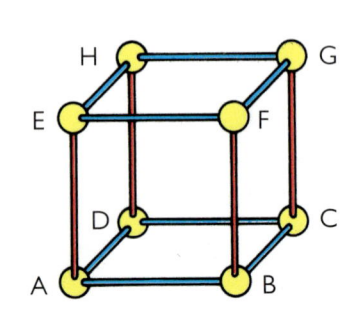

Lagemöglichkeiten von Punkten und Strecken

1 Nenne Geräte, mit denen du Strecken zeichnen kannst!

2 Gegeben sind vier Punkte A, B, C und D. Jeder dieser Punkte soll mit jedem anderen Punkt durch eine Strecke verbunden werden. Patrick findet 4 Strecken. Julia meint, dass es 12 Strecken geben muss, da jeder der 4 Punkte mit 3 anderen Punkten verbunden werden muss und 4 · 3 = 12 ist. Was meinst du? Fertige eine Zeichnung an!

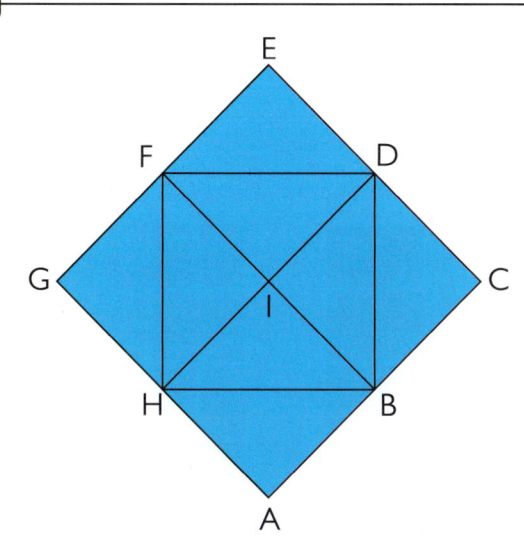

3 Jens hat mit 8 blauen Dreiecken des Figurensatzes ein Muster gelegt und es dann aufgezeichnet.

a) Wie viele Punkte, wie viele Strecken und wie viele Dreiecke kannst du in der Figur entdecken?

b) Jens behauptet, dass er in der Figur auch mehr als 10 Vierecke gefunden hat. Kann das sein? Begründe deine Antwort!

c) Trage die Ergebnisse der Teilaufgaben a und b in eine solche Tabelle ein:

Punkte	A, B, ...
Strecken	$\overline{AB}$, $\overline{BC}$, $\overline{AC}$, ...
Dreiecke	ABH, ..., BDH, ...
Vierecke	ABIH, ..., ACDH, ...

d) Welche Vierecke in deiner Tabelle bezeichnen Quadrate? Unterstreiche!

e) Welche Strecken des Musters sind parallel zueinander, welche sind senkrecht zueinander? Wie kannst du deine Antwort überprüfen?

4

a) Lege ein rotes und ein blaues Stäbchen so auf den Tisch, dass sie parallel zueinander sind!

b) Lege ein grünes Stäbchen so dazu, dass es senkrecht zum roten Stäbchen ist!

c) Lege ein weiteres Stäbchen so dazu, dass es parallel zum grünen Stäbchen ist!

d) Sprich über die entstandene Figur!

Parallelen, Senkrechten, rechte Winkel

1 Torsten weiß, dass zwei Geraden zueinander parallel sein oder einander schneiden können.
Er überlegt, welche Lagemöglichkeiten es für drei Geraden geben wird.
Hilf ihm! Skizziere deine Lösungen!

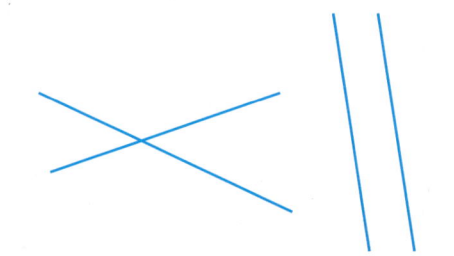

2 Prüfe nach, wie die Geraden zueinander liegen! Fertige dann selbst solche Zeichnungen für 4, 5 oder 6 Geraden an! Zähle jeweils die Schnittpunkte!

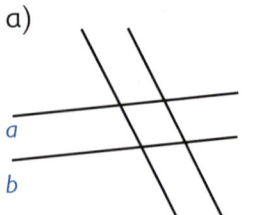

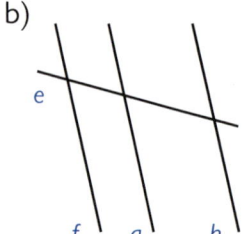

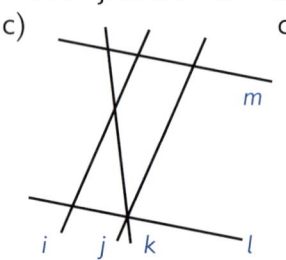

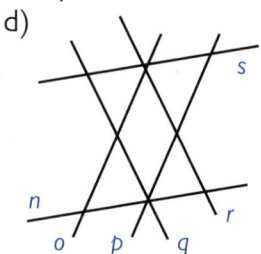

a) b) c) d)

3 a) Falte ein Blatt Zeichenpapier so, dass zwei zueinander senkrechte Faltlinien entstehen!
b) Prüfe auf verschiedene Weise nach, ob die Faltlinien senkrecht zueinander sind!

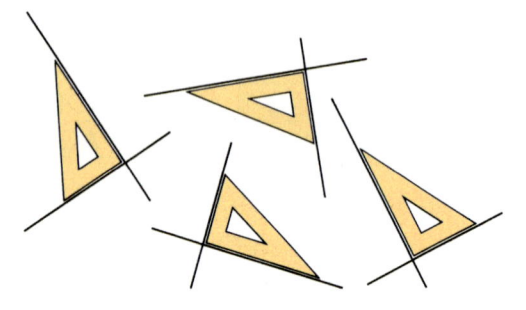

Zueinander senkrechte gerade Linien bilden **rechte Winkel**.

4 Zeige an Gegenständen aus deiner Umgebung rechte Winkel!

5 a) Spreize Daumen und Zeigefinger so weit auseinander, dass sie ungefähr einen rechten Winkel bilden!
b) Halte deine Arme so, dass sie etwa einen rechten Winkel bilden!
c)* Stelle eine gymnastische Übung zusammen, bei der viele Beispiele für zueinander parallele und zueinander senkrechte Strecken auftreten!

Zeichnen von Senkrechten und Parallelen

1 Zeichne eine Gerade g und einen nicht auf g liegenden Punkt P!
   a) Zeichne mit Hilfe des Geodreiecks eine Gerade h, die durch den Punkt P geht und senkrecht zu g ist!
   b) Beschreibe dein Vorgehen!
   c) Gib auf der Geraden g den Punkt Q an!
   d) Zeichne die Senkrechte zu g durch den Punkt Q und bezeichne sie mit i!
   e) Vermute und überprüfe, wie h und i zueinander liegen!

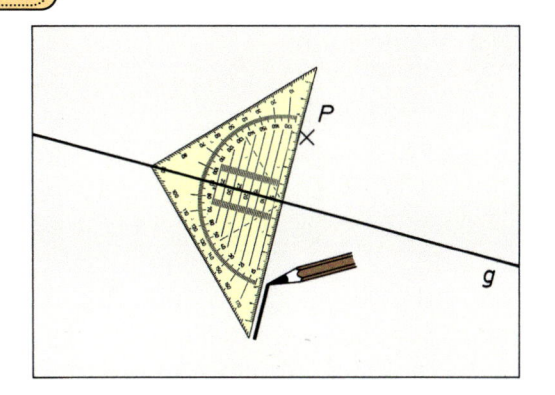

2 Zeichne eine Gerade g und einen nicht auf g liegenden Punkt P!
   a) Zeichne mit Hilfe des Geodreiecks eine Gerade h, die durch den Punkt P geht und parallel zu g ist!
   b) Beschreibe dein Vorgehen!
   c) Wiederhole das Vorgehen mit einem weiteren Punkt A!

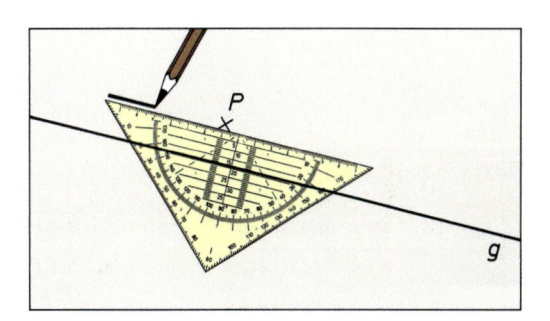

3
   a) Falte ein Zeichenblatt zweimal wie ein Buch!
   b) Zeichne in jedes Feld ein Muster aus Parallelen ein!
   c) Male deine Muster auf dem Zeichenblatt aus!

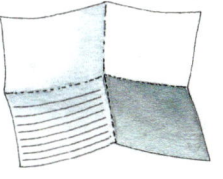

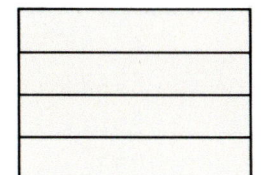

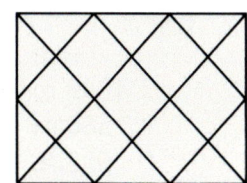

4 Felix zeichnet die Parallele zu einer Geraden g durch einen Punkt P, der nicht auf g liegt. Er benutzt dazu ein Lineal und ein Zeichendreieck.

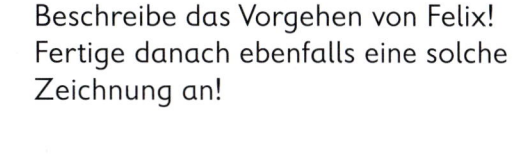

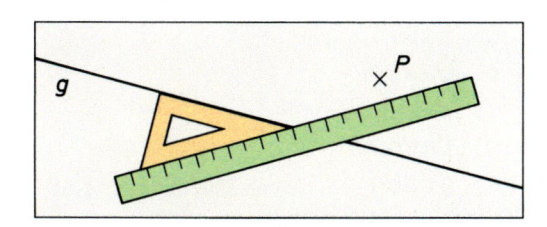

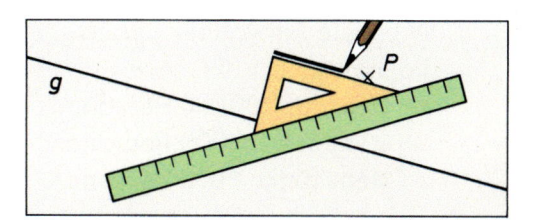

Beschreibe das Vorgehen von Felix! Fertige danach ebenfalls eine solche Zeichnung an!

45

Wiederholung und Kontrolle

1 Wandle um!

1 Z = ☐ E   1 H = ☐ E
1 T = ☐ Z   1 ZT = ☐ T
1 HT = ☐ T   1 M = ☐ HT
1 ZT = ☐ H   1 HT = ☐ ZT
10 Z = 1 ☐   100 Z = 1 ☐
10 HT = 1 ☐   100 T = 1 ☐

2 Welche Zahlen sind gemeint?

HT	ZT	T	H	Z	E
7	8	0	9	8	6
4	0	9	1	3	7
• • •	• • • • • •	•		• • •	• • • •
•	• • •		• • •	•	• • •
•	• •		•	• •	• • •

3 Ergänze die Tabelle!

Vorgänger		16 999			69 500
Zahl	3 634			18 000	
Nachfolger			400 000		

4 Finde die Lösungswörter durch Ordnen! Beginne mit der kleinsten Zahl!

a)
T	480 997
R	595 955
O	60 036
C	48 997
U	408 997
P	90 541
E	559 955
M	90 415

b)
E	1 HT + 3 E + 8 T
G	2 ZT + 7 E + 4 HT + 3 H
U	5 Z + 3 T + 8 H
F	8 E + 4 H + 7 Z
L	9 H + 4 Z + 2 T + 7 E
Z	7 T + 3 E + 5 ZT + 1 H
U	2 E + 3 HT + 4 T
G	3 H + 4 ZT + 5 E

c)
I	M
E	XXI
A	IV
E	C
B	XIX
R	XXV
U	VII
Z	III

5

a) Runde auf Vielfache von 100 m!

1 980 m ≈ ☐ m
3 058 m ≈ ☐ m
2 568 m ≈ ☐ m
932 m ≈ ☐ m
1 374 m ≈ ☐ m

Die Summe aller gesuchten Ergebnisse ist 10 000 m.

Kontrolliere deine Ergebnisse!

b) Runde auf Vielfache von 1 000 l!

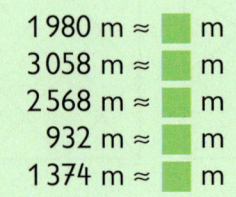

6 145 l ≈ ☐ l
5 763 l ≈ ☐ l
4 501 l ≈ ☐ l
4 490 l ≈ ☐ l
8 687 l ≈ ☐ l

Die Summe aller gesuchten Ergebnisse ist 30 000 l.

6

Wie viele Einwohner haben die Städte?

⚦ steht für 100 000 Personen.
⚦ steht für 10 000 Personen.
⚦ steht für 1 000 Personen.

a) Halle/Saale
b) Plauen
c) Zwickau
d) Demmin
e) Gotha

7 Setze die Zahlenfolgen fort!

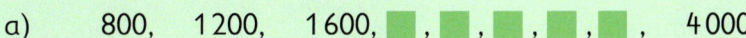

a) 800, 1 200, 1 600, ▪, ▪, ▪, ▪, ▪, 4 000
b) 30 000, 29 100, 28 200, ▪, ▪, ▪, ▪, ▪, 22 800
c) 100 020, 100 120, 100 220, ▪, ▪, ▪, ▪, ▪, 100 820

8 a)

+	600	5	64	29 000
15 000				
48 080				

b)

−	500	70	4	8 000
34 577				
63 614				

9 a) Subtrahiere von 120 000 die Zahl 65 000!
b) Addiere zu 5 490 den Nachfolger von 4 509!
c) Zerlege 4 001 in zwei Nachbarzahlen!
d) Berechne die Summe aus 2 050 und der Hälfte von 9 500!

10 Überschlage zuerst, dann rechne genau und vergleiche!

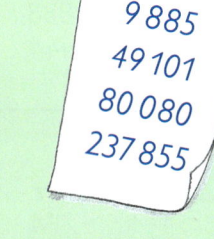

a)   7 125
  + 1 820
  +   940

b) 34 612
  + 5 143
  + 40 325

c)   9 853
  + 24 032
  + 15 216

d) 84 251
  + 91 024
  + 62 580

9 885
49 101
80 080
237 855

11 Die Grundschule „Burgwall" kauft einen Computer zu 699 €, einen Drucker zu 199 € und Lernsoftware zu 146 €. Berechne den Gesamtpreis!

12

Wochentag	Besucherzahl
Freitag	2 700
Sonnabend	4 100
Sonntag	3 950

a) An welchem Tag kamen die meisten Besucher zum Burgfest?
b) Wie viele Besucher kamen an den drei Tagen insgesamt zum Burgfest?

13 Zeichne Freihandskizzen von zueinander parallelen und zueinander senkrechten Geraden! Überprüfe mit einem Geodreieck, wie genau du gezeichnet hast!

14 a) Zeichne zwei zueinander senkrechte Geraden g und h! Bezeichne den Schnittpunkt mit P!
b) Zeichne eine Gerade i, die parallel zur Geraden g ist und von g einen Abstand von 3 cm hat!
c) Zeichne eine weitere Gerade j so dazu, dass sie die Geraden g und h schneidet!

15 a) Zeichne drei zueinander parallele Geraden!
b) Zeichne fünf Geraden so, dass insgesamt 10 Schnittpunkte entstehen!

Addieren und Subtrahieren — Schriftliches Subtrahieren

Von 1398 Grundschulkindern aus Seestadt konnten am Ende des letzten Schuljahres 1213 schwimmen. Wie viele Kinder waren noch Nichtschwimmer?

```
  1398        Ü: 1400 − 1200 = 200
− 1213
   185        V: 185 ≈ 200
```

1 Überschlage zuerst, dann rechne genau und vergleiche!

a)   2 675   b)   6 827   c)   9 784   d)   5 699   e)   14 748
   − 1 103   − 4 212   −   643   − 2 045   − 3 542

f) 88 888   g) 56 789   h) 95 367   i) 394 875   j) 426 987
  − 44 444   −   678   − 4 043   − 51 201   − 102 550

2

```
  6 9 7 2                    6̶ 1̶2
− 5 2 4 8              6 9 7̶ 2̶      Ü: 2 000
      1       oder  − 5 2 4 8
  1 7 2 4              1 7 2 4
```

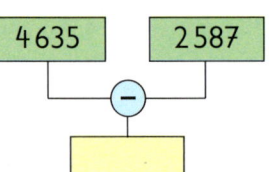

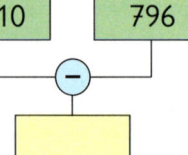

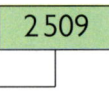

a)   7 561   b)   9 487   c)   4 625   d) 18 594   e) 34 671
   − 5 104   − 1 239   −   375   − 6 920   − 20 831

f) 67 777   g) 82 653   h) 13 507   i) 56 431   j) 183 650
  − 7 688   −   729   − 5 144   − 28 509   − 49 990

3   4 635   2 587   −   □   8 010   796   −   □   23 023   2 509   −   □

4 Wie groß ist die Differenz der Zahlen 9 878 und 7 897?

Der Minuend ist 11 205 und der Subtrahend 8 037. Wie heißt die Differenz?

Schriftliches Subtrahieren

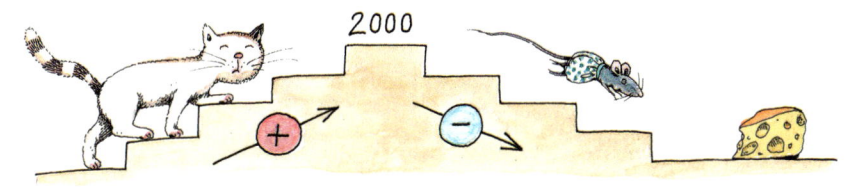

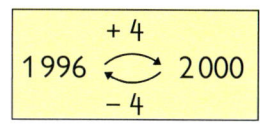

1996 ⇄ 2000 (+4 / −4)

1 a) 1026 ⇄ 3256 (+ ☐ / − ☐)
b) 4531 ⇄ ☐ (+ 4158 / − ☐)
c) 3607 ⇄ ☐ (+ ☐ / − 2059)

2 a) 6437 − 814 = ☐
    19654 − ☐ = 2170
b) 1690 + ☐ = 4000
    ☐ + 3567 = 7777
c) ☐ − 4381 = 5243
    827 + ☐ = 1304

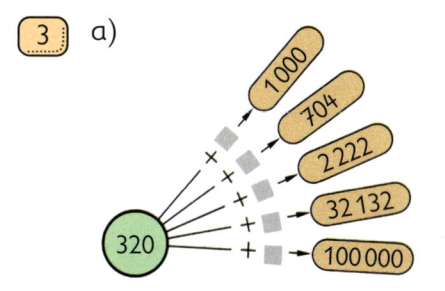

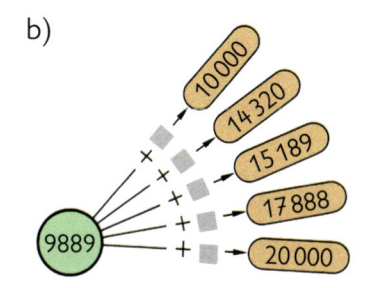

3 a) 320 + ☐ → 1000, 704, 2222, 32132, 100000
b) 9889 + ☐ → 10000, 14320, 15189, 17888, 20000

4 Zerlege 1352
a) in eine vierstellige und eine einstellige Zahl,
b) in eine vierstellige und eine zweistellige Zahl,
c) in eine vierstellige und eine dreistellige Zahl,
d) in zwei dreistellige Zahlen!
Gib jeweils drei verschiedene Möglichkeiten an!

5 Ein Fernsehgerät mit Flachbildschirm kostete 2999 €. Wie teuer ist das Gerät, nachdem der Preis um 437 € gesenkt wurde?

```
  2 9 9 9 €
−   4 3 7 €
```

6 a) 2349 €
    − 509 €
b) 3199 €
    − 1570 €
c) 18250 €
    − 2199 €
d) 22449 €
    − 3999 €
e) 27380 €
    − 11695 €

7 Herr Kunze kauft eine Digitalkamera für 1448 €.
Er bezahlt mit drei 500-Euro-Scheinen.
a) Welchen Restbetrag muss Herr Kunze zurückerhalten?
b) Mit welchen Geldscheinen und Münzen könnte der Kassierer den Restbetrag herausgeben?

Schriftliches Subtrahieren mit zwei Subtrahenden

1 In Neustadt haben sich alle 796 Schüler der 4. Klassen vorgenommen, eine Radfahrprüfung zu bestehen. Bis zur vorigen Woche hatten schon 204 Schüler die Prüfung erfolgreich abgeschlossen. Weitere 121 Kinder bestanden in dieser Woche die Prüfung. Wie viele Kinder müssen die Radfahrprüfung noch ablegen?

Wir müssen rechnen: 796 − 204 − 121
Ü: 800 − 200 − 100 = 500

Julia rechnet so:

```
  796        592
− 204      − 121
  592        471
```

Marko rechnet so:

```
  204        796
+ 121      − 325
  325        471
```

Erkläre, wie Julia und Marko rechnen!

2 Löse! Probiere dabei die beiden Rechenwege aus!

a) 987 − 215 − 341
4 865 − 1 302 − 2 122

b) 26 698 − 3 253 − 1 025
79 849 − 14 315 − 2 113

c) 78 965 − 31 210 − 4 013
68 759 − 11 111 − 2 025

3 a) 2 570 − 1 234 − 215
7 964 − 3 103 − 2 418

b) 36 571 − 2 164 − 600
84 600 − 4 537 − 218

c) 99 999 − 5 876 − 1 324
185 370 − 6 481 − 5 399

4 a) +499 +6 501
1 000 ⌒ ▢ ⌒ ▢
      −499   −6 501

c) +2 222 +7 594
▢ ⌒ ▢ ⌒ 13 652
  −▢   −▢

b) +1 024 +4 231
3 202 ⌒ ▢ ⌒ ▢
      −▢   −▢

d) ▢   ▢
▢ ⌒ ▢ ⌒ 7 777
  −1 320 −3 079

5 a) Welche Zahl erhältst du, wenn du von 10 000 zuerst 728 und dann 4 817 subtrahierst?
b) Der Minuend ist 34 709, die Subtrahenden sind 16 485 und 17 507.
Berechne die Differenz!
c)* Subtrahiere von 25 250 das Doppelte von 8 125!

6 Bei einer Verkehrskontrolle wurden insgesamt 1 476 Fahrzeuge überprüft. Bei 128 Fahrzeugen stellte die Polizei technische Mängel fest. 264 andere Fahrzeuge überschritten die zulässige Geschwindigkeit deutlich.
Wie viele Fahrzeuge wurden nicht beanstandet?

Schriftliches Subtrahieren mit zwei Subtrahenden

1 8946 − 2314 − 1025   Ü: 6000

Lea geht so vor:
Zuerst schreibt sie alle Zahlen stellengerecht untereinander.
Dann rechnet sie in vier Schritten. Beschreibe ihren Rechenweg!

1. Schritt	2. Schritt	3. Schritt	4. Schritt

8946
− 2314
− 1025
    1
      7
	8946
	− 2314
	− 1025
	    1
	    07
		8946
		− 2314
		− 1025
		    1
		  607
			8946
			− 2314
			− 1025
			    1
			5607

Lea rechnet:	5E + 4E = 9E 9E + 7E = 16E	1Z + 2Z + 1Z = 4Z 4Z + 0Z = 4Z	0H + 3H = 3H 3H + 6H = 9H	1T + 2T = 3T 3T + 5T = 8T
Sie überträgt: 1				
Sie schreibt:	7	0	6	5

2 Schreibe untereinander und rechne!

a) 786 − 243 − 121
   4975 − 604 − 2110

b) 9658 − 1245 − 6013
   16887 − 3333 − 409

c) 7500 − 3105 − 889
   16000 − 7350 − 4175

3 Überschlage, rechne und vergleiche!

a) 9865
   − 1342
   − 4217

b) 25398
   − 2530
   − 1527

c) 72658
   − 8235
   − 4190

d) 68947
   − 32511
   − 14063

e) 279972
   − 15515
   − 68486

4 Familie Baumann hat 1000 € gespart. Von diesem Geld kauft sie einen Tisch zu 298 € und vier Stühle zu 316 €. Wie viel Euro bleiben übrig?

5
a) 3876 €
   − 1234 €
   − 410 €

b) 4392 €
   − 256 €
   − 1014 €

c) 10000 €
   − 3672 €
   − 2815 €

d) 2345 m
   − 802 m
   − 571 m

e) 1860 g
   − 625 g
   − 451 g

6
a) 42,00 € − 3,12 € −   1,99 €
   235,00 € − 61,80 € − 104,52 €

b) 10,75 m − 2,13 m − 1,40 m
   34,60 m − 5,17 m − 8,85 m

7 Stelle eine Frage und beantworte sie!

Ulf hat in seiner Geldbörse 25 €.
Er kauft einen Füller zu 9,95 € und Tintenpatronen zu 2,39 €.

Gleichungen und Ungleichungen

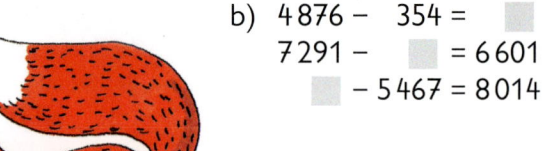

1 a) 8712 + 215 = ☐
1503 + ☐ = 3619
☐ + 4293 = 7530

b) 4876 − 354 = ☐
7291 − ☐ = 6601
☐ − 5467 = 8014

2 Gib alle Lösungen an!

a) 3789 + ☐ < 3801
☐ + 8998 < 9000

b) 5007 − ☐ > 4997
33303 − ☐ > 33292

$725 + a = 748$

An Stelle eines Platzhalters kann auch ein Buchstabe stehen.

3 a) 548 + 307 = a
634 + 952 = b
871 − 461 = c
1966 − 728 = d

b) 716 + x = 904
6251 + x = 8340
632 − x = 218
12049 − x = 7024

c) 3651 + e = 5726
f + 4231 = 20358
4926 − g = 1401
z − 5217 = 9063

4 Gib jeweils fünf Zahlen an, die die folgenden Ungleichungen erfüllen!

a) 7888 + c < 7907
d + 9991 < 10001

b) 1221 − v > 1212
4554 − w > 4455

5 Um wie viel ist 1734 kleiner als 2106?

Um wie viel ist 5917 größer als 2222?

Um wie viel ist die größte vierstellige Zahl größer als die kleinste vierstellige Zahl?

6 a) 2471 − 563 − 904 = u
v − 214 − 653 = 869
433 + 567 + w = 1336

b) x + 892 + 746 = 2507
1605 − 480 − y = 610
3521 + z + 279 = 4321

c) 4251 − 300 + a = 5000
890 + b − 800 = 1000
7500 − 123 + c = 8987

7 Hier bedeuten gleiche Buchstaben auch gleiche Zahlen.

a) 3456 + a = 7520
b + 1281 = 5217
―――――――――――
a + b = 8000

b) 648 + 853 = x
2163 − 664 = y
―――――――――――
x + y = 3000

Tabellen und Rechenbäume

Übertrage die Tabellen in dein Heft und rechne dann!

1

a) E $\xrightarrow{+458}$ A

E	A
321	
405	
936	
5 178	
	589
	3 208
	4 000
	7 248

b) E $\xrightarrow{-312}$ A

E	A
684	
740	
2 631	
8 017	
	142
	9 851
	6 025
	3 213

2

a)

+	65	412	2 089
54			
812			
4 260			

b)

−	53	109	4 281
72			
531			
9 048			

3

a)

a	a + 452
524	976
286	
1 403	
3 671	

b)

b	b − 613
845	
772	
904	
2 726	
8 039	

4

a)

x	26	54	409	6 185
x + 73				

b)

y	83	127	939	7 025
y − 51				

Wenn x 26 ist, so ist x + 73 = 99.

5

a)

x	y	x + y
174	523	
806	435	
4 619	1 024	
7 502	6 179	
3 461		8 926

b)

x	y	x − y
628	351	
743	406	
5 207	2 711	
8 914	4 695	
9 731		652

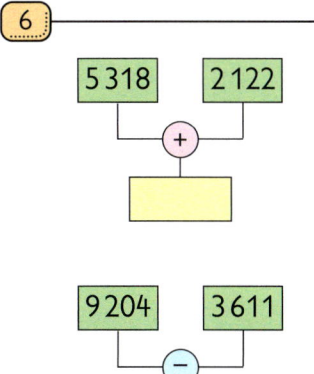

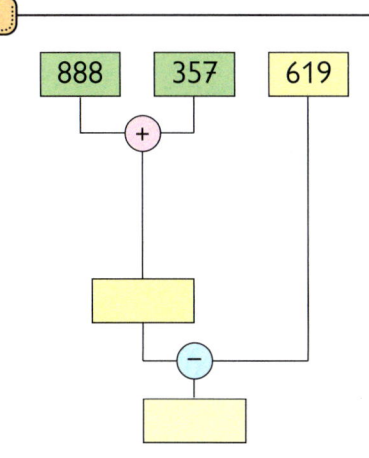

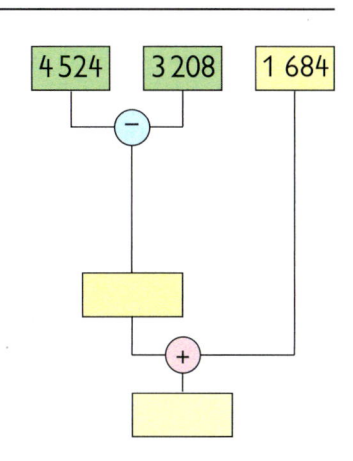

6

5 318, 2 122 → (+) → ☐

9 204, 3 611 → (−) → ☐

7

888, 357, 619 → (+) → ☐ → (−) → ☐

4 524, 3 208, 1 684 → (−) → ☐ → (+) → ☐

Sachaufgaben

1 In Roberts Heimatstadt besuchen in diesem Jahr 812 Kinder die Grundschule. Die Stadt, in der Susi wohnt, hat noch 461 Grundschülerinnen und Grundschüler mehr. Wie viele Grundschulkinder gibt es dort?

2 In Katjas Heimatkreis gab es im ersten Halbjahr des vergangenen Jahres 5 614 Verkehrsunfälle. Im zweiten Halbjahr waren es noch 122 Unfälle mehr.

a) Wie viele Verkehrsunfälle gab es im vergangenen Jahr insgesamt?
b) An jedem 10. Verkehrsunfall waren Kinder unter zehn Jahren beteiligt. Wie viele Unfälle waren das?

3 In Michaels Heimatstadt findet ein gemeinsames Sportfest für behinderte und nicht behinderte Kinder statt. An den Sportspielen nehmen insgesamt 422 behinderte und 586 nicht behinderte Kinder teil. Von ihnen starten 380 Kinder in Disziplinen der Leichtathletik. 275 Kinder gehen bei Schwimmwettbewerben ins Wasser. Die anderen Kinder beteiligen sich an Ballspielen.
a) Wie viele Kinder sind insgesamt beim Sportfest aktiv?
b) Wie viele Kinder beteiligen sich an den Ballspielen?

Beim Lösen kann dir eine **Tabelle** oder ein **Rechenbaum** helfen.

4 Die Tabelle zeigt dir, wie sich in den letzten beiden Jahren der Bestand an Haustieren in Christines Bundesland entwickelte. Bilde hierzu Aufgaben und löse sie!

5 Suche Zahlenangaben zu deinem Heimatort, zu deinem Heimatkreis oder zu deinem Bundesland! Bilde hierzu Aufgaben und löse sie!

	Anzahl der Tiere	
	vor 2 Jahren	vor 1 Jahr
Rinder	638 500	641 100
Schweine	798 600	775 900
Schafe	165 300	108 700
Pferde	19 700	21 400

Einheiten der Masse

1

1 g   100 g   500 g (1 Pfund)   1 kg   50 kg   1000 kg

Suche zu jeder Masseangabe ein weiteres Beispiel!

2

Was ist schwerer? Schätze zuerst, dann prüfe mit einer Waage!
a) ein Radieschen oder eine Tomate
b) eine Paprikaschote oder eine Mohrrübe
c) eine Zitrone oder eine Nektarine

3 Wandle in Gramm um!

1 kg = 1000 g

a) 3 kg   b) 9 kg
   5 kg   11 kg
   6 kg   20 kg

4 Wandle in Kilogramm um!

a) 2 000 g   b) 7 000 g
   6 000 g   10 000 g
   8 000 g   34 000 g

5 Schreibe mit 2 Einheiten!

1,235 kg = 1 kg 235 g
1,235 kg = 1235 g

a) 4,362 kg   b) 8,506 kg
   5,891 kg   10,047 kg
   6,240 kg   0,532 kg

6 Gib in Gramm an!

a) 1,672 kg   b) 6,211 kg
   2,416 kg   0,275 kg
   3,105 kg   0,040 kg

7 Gib in Kilogramm an!

a) 2 478 g   b) 4 250 g
   5 231 g   7 065 g
   3 609 g   382 g

Schreibe mit Komma!

c) 5 kg 243 g   d) 3 kg 64 g
   14 kg 810 g   1 kg 2 g
   1 kg 904 g   7 g

2,5 kg = 2,500 kg
2,5 kg = 2 500 g

8 <, > oder = ?

a) 3,645 kg ● 5,871 kg   b) 715 g ● 0,710 kg
   4,923 kg ● 4,899 kg   4,600 kg ● 4,6 kg
   6,700 kg ● 6 kg 700 g   0,5 kg ● 50 g
   2 503 g ● 2,530 kg   8 219 g ● 8,2 kg

9

Frau Müller will ein Stück Käse kaufen, das zwischen 200 g und 300 g schwer ist. Herr Meier will ein Pfund Käse kaufen. Welche Stücke könnten Frau Müller und Herr Meier auswählen?

250 g   0,235 kg   0,614 kg   0,5 kg   ¼ kg

Einheiten der Masse

1 In welcher Einheit würdest du die Masse angeben von
a) einer Kartoffel,
b) einem Sack Kartoffeln,
c) einem Fahrrad,
d) einem Lastwagen?

2 Nenne jeweils drei Gegenstände, deren Masse du
a) in Tonnen,
b) in Dezitonnen
angeben würdest!

1 Tonne (t)
1 000 kg = 1 t

3 Wandle um

a) in Kilogramm,	b) in Tonnen,	c) in Dezitonnen!
2 t	3 000 kg	5 t
6 t	7 000 kg	400 kg
15 t	13 000 kg	16 t
48 t	25 000 kg	1 400 kg

1 Dezitonne (dt)
100 kg = 1 dt
10 dt = 1 t

4 Schreibe mit 2 Einheiten!
a) 3,600 t   b) 7,100 t
6,850 t   12,400 t
4,290 t   0,149 t

5 Gib in Kilogramm an!
a) 5,700 t   b) 16,600 t
3,500 t   1,020 t
2,380 t   0,001 t

6 Gib in Tonnen an! Schreibe mit Komma!
a) 5 900 kg   b) 3 670 kg   c) 2 t 500 kg   d) 3 t 90 kg
6 200 kg   4 050 kg   8 t 760 kg   1 t 8 kg
7 100 kg   230 kg   1 t 320 kg   25 kg

1,885 t = 1 t 885 kg
1,885 t = 1 885 kg

7 <, > oder = ?
a) 4,100 t ◯ 5,600 t   b) 0,840 t ◯ 0,88 t
6,390 t ◯ 6,810 t   7 400 kg ◯ 7,400 t

8 Ordne! Beginne mit der kleinsten Angabe!

6 370 kg; 15 kg; 6 t; 6,35 t

Zusammenfassung

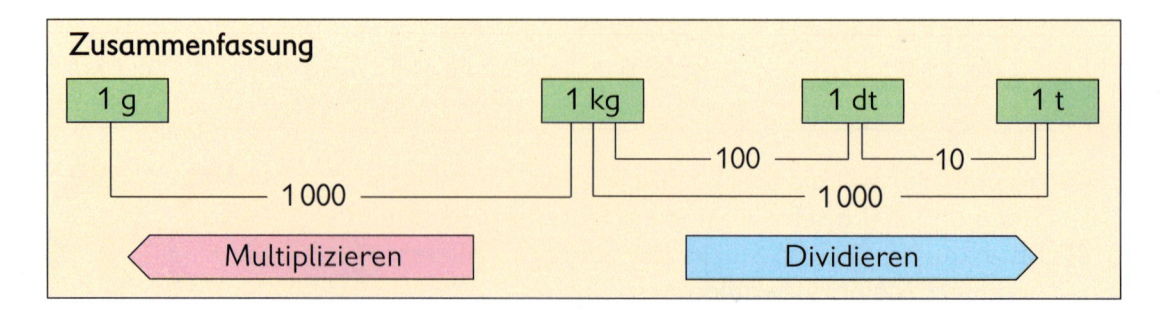

1 g — 1 kg — 1 dt — 1 t

100 — 10
1 000 — 1 000

← Multiplizieren   Dividieren →

Einheiten der Masse

1 Wandle zuerst in Gramm um, dann rechne!

4,673 kg + 5,124 kg
7,250 kg − 4,512 kg
12,360 kg + 0,795 kg
8 kg 118 g − 7 kg 37 g

2 Wandle zuerst in Kilogramm um, dann rechne!

1,520 t + 9,320 t
20,160 t − 13,470 t
0,490 t + 2,600 t
4 t 50 kg − 1 t 230 kg

3 Von einer 1350 Gramm schweren Salami hat die Verkäuferin 595 Gramm abgeschnitten. Wie viel Gramm wiegt die Wurst noch?

4 Frau Beier hat für ein Mittagessen 750 g Schweinefleisch, ebenso viel Rindfleisch und 225 g Speck gekauft. Wie viel Kilogramm sind das insgesamt?

5 Wer hat Recht?

- Das sind zusammen 50 kg.
- Wau.
- Das ist ein Zentner.
- Das sind 60 kg.

(32 kg, 18 kg)

6 Darf ein LKW mit einem Leergewicht von 3,140 t und einer 1765 kg schweren Ladung über die Brücke fahren?

Hier hilft dir eine Skizze.

7 Ein Brot wiegt so viel wie ein halbes Brot und 750 Gramm.

8 In Nahrungsmitteln oder in Medikamenten sind oft nur sehr kleine Mengen von Vitaminen oder von anderen Wirkstoffen enthalten. Solche Massen werden meist in **Milligramm (mg)** angegeben.

Apfelsaft NATURTRÜB Apfel-Acerola
- Vitamin C 35 mg
- Kohlenhydrate 11 000 mg
- Natrium 2 mg
- Zucker 10 200 mg

| 1 g = 1 000 mg | 1 mg = 0,001 g |

a) Gib alle Masseangaben in Gramm an!

b) Wandle in Gramm um!
800 mg, 50 mg, 230 mg, 1 300 mg, 6 mg

c) Wandle in Milligramm um!
2 g, 0,700 g, 0,620 g, 0,03 g

Rauminhalte

1

¼ l   ½ l   ¾ l   1 l   2 l   5 l

Suche zu jedem Rauminhalt ein weiteres Beispiel!

Kleine Rauminhalte werden in Milliliter angegeben.	1 Milliliter (ml) 1 000 ml = 1 l

2 Nenne Beispiele für Rauminhalte, die in Milliliter angegeben werden!

3 Wandle in Milliliter um!
a) 3 l   b) 19 l
    8 l   24 l
   12 l   57 l

4 Wandle in Liter um!
a) 2 000 ml   b) 11 000 ml
   5 000 ml   16 000 ml
   7 000 ml   80 000 ml

5 Gib in Milliliter an!
a) 4,134 l   b) 0,842 l
   5,690 l   3,056 l
   16,725 l   0,5 l
   1,402 l   0,030 l
   2,600 l   0,007 l

6 Gib in Liter an! Schreibe mit Komma!
a) 2 315 ml   b) 671 ml
   3 480 ml   200 ml
   1 169 ml   42 ml
   1 020 ml   10 ml
   4 500 ml   8 ml

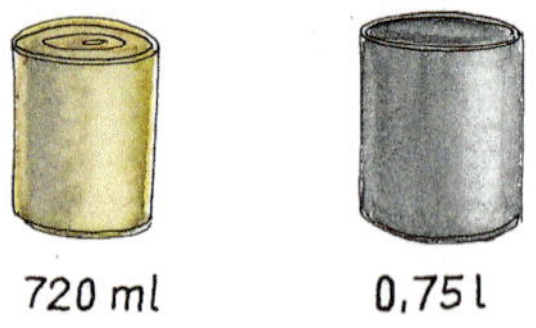

250 ml = ¼ l

500 ml = ½ l

750 ml = ¾ l

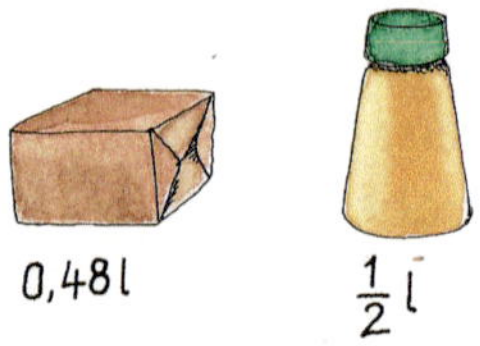

1,5 l = 1,500 l
1,5 l = 1 500 ml

7 Wandle zuerst in Milliliter um, dann vergleiche!

a) 75 ml   0,15 l

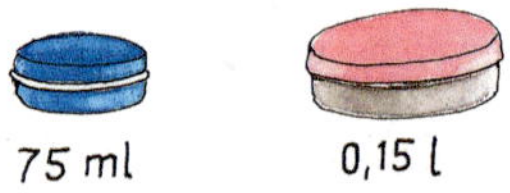

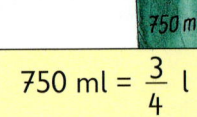

b) 0,33 l   0,25 l

c) 720 ml   0,75 l

d) 0,48 l   ½ l

8 Andreas hilft seiner Mutter beim Kochen. Er soll einen halben Liter Wasser abmessen. Wie kann Andreas das machen?

Rauminhalte

1 Vergleiche! Begründe jeweils dein Ergebnis!
 a) 1,5 l und 0,75 l 0,75 l
 b) 720 ml und 370 ml 370 ml
 c) 212 ml 212 ml und 580 ml

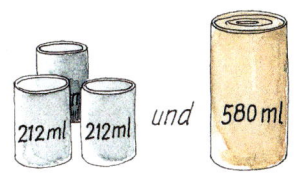

2 Wandle zuerst in Milliliter um, dann rechne!

 a) 6,287 l + 2,173 l
    4,371 l + 5,592 l
 b) 8,509 l − 7,143 l
    14,930 l − 6,094 l
 c) 1,426 l + 2,81 l + 0,715 l
    10 l − 5,291 l − 0,909 l

3 Karsten hat im Einkaufsbeutel drei 0,7-Liter-Flaschen Saft. Wie viel Liter Saft sind das insgesamt?

4 Das Planschbecken im Garten von Familie Kindermann fasst etwa 300 l Wasser.
 a) Julia und Philipp wollen es füllen. Jeder benutzt dazu einen 5-l-Eimer. Wie viele Eimer voll Wasser muss jeder holen?
 b) Beim nächsten Mal dürfen die Kinder den Gartenschlauch nehmen. In einer Minute laufen 30 Liter Wasser ein. Wie lange dauert es, bis das Becken voll ist?

5 Mit einem Tanklastzug werden von zwei Landwirtschaftsbetrieben 10 435 Liter und 11 565 Liter Milch abgeholt und zu einer Molkerei gebracht. Mit wie viel Liter Milch fährt der Tanklastzug zur Molkerei?

6 Zur Herstellung von einem Kilogramm Butter benötigt man 22 Liter Milch. Wie viel Liter Milch werden gebraucht, um 100 Kilogramm Butter herzustellen?

7 Susanne mixt Fruchtmilch nach einem einfachen Rezept. Sie mischt einen halben Liter Milch mit 125 Milliliter Fruchtsaft.
 a) Wie viel Milliliter Fruchtmilch erhält Susanne?
 b) Susanne hat Gläser, die 250 ml fassen. Wie viele Gläser könnte sie mit der hergestellten Fruchtmilch füllen?

Größenangaben in Kommaschreibweise

1 Frau Sudermann kauft einen Fotoapparat zu 171,35 €
und zwei Filme zu 8,50 €.
Wie viel Euro muss sie bezahlen?

Wir überschlagen: 170 € + 10 € = 180 €.

Steffi rechnet so:	*Florian rechnet so:*	*Ute rechnet so:*
171,35 € = 17 135 ct	171,35 € = 171 € 35 ct	171,35 €
8,50 € = 850 ct	8,50 € = 8 € 50 ct	+ 8,50 €
		179,85 €
17 135 ct	171 € + 8 € = 179 €	
+ 850 ct	35 ct + 50 ct = 85 ct	
17 985 ct		
17 985 ct = 179,85 €	179 € + 85 ct = 179,85 €	

Erkläre, wie Steffi, Florian und Ute rechnen!

2 Überschlage zuerst, dann rechne genau und vergleiche!
a) 2,64 € + 5,13 €   b) 6,78 € − 2,45 €   c) 165,72 € − 32,41 €
   9,32 € + 7,24 €   24,61 € − 9,34 €   207,84 € + 53,07 €
   41,08 € + 9,37 €   83,49 € − 15,07 €   496,99 € − 134,76 €

3 Gib in Meter an!
a) 3,240 km   b) 72,514 km   c) 0,350 km
   4,183 km   413,125 km   1,025 km
   29,305 km   504,092 km   0,040 km

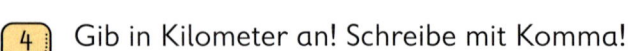

4 Gib in Kilometer an! Schreibe mit Komma!
a) 36 km 492 m   b) 5 162 m   c) 3 810 m
   8 km 170 m   41 683 m   25 072 m
   24 km 50 m   709 m   260 m

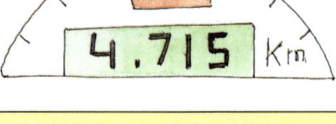

4,715 km = 4 km 715 m
4,715 km = 4 715 m

5 Überschlage zuerst, dann rechne genau und vergleiche!
a) 1,526 km + 2,341 km   b) 4,576 km − 3,124 km   c) 7,845 km − 5,160 km
   3,670 km + 5,189 km   6,940 km − 2,716 km   9,268 km + 0,732 km
   12,800 km + 7,165 km   25,367 km − 8,259 km   16,314 km − 3,294 km

6 Auf dem Bild siehst du die Anzeige
von Silvios Tachometer vor
und nach einer Fahrradtour.
Wie lang war die Radtour?

23 KMH 32,46 GESAMT-KM
23 KMH 41,39 GESAMT-KM

Sachaufgaben

1

Berliner Dom
114 m hoch

Kölner Dom
Nordturm: 157,38 m hoch
Südturm: 157,31 m hoch

Dresdner Hofkirche
83 m hoch

Ulmer Münster
161 m hoch

a) Welcher Turm ist der höchste?
b) Berechne die Differenz zwischen den Höhen des Berliner Doms und der Dresdner Hofkirche!
c) Wie viel Zentimeter ist der Nordturm des Kölner Doms höher als der Südturm?
d) Erkundige dich, wie hoch ein Kirchturm in deiner Nähe ist! Vergleiche seine Höhe mit den angegebenen Turmhöhen!

2

Die größte öffentliche Uhr Deutschlands befindet sich in Wittenberge. Sie wurde 1928 am Wasserturm für das damalige Nähmaschinenwerk angebracht. Der Durchmesser des Zifferblattes beträgt 7,57 m. Der Minutenzeiger ist 3,30 m lang. Der Stundenzeiger ist 105 cm kürzer als der Minutenzeiger.
a) Wie lang ist der Stundenzeiger der Uhr?
b) Wie lang ist der Radius des Zifferblattes?

3

In Niederfinow nordöstlich von Berlin wird neben dem berühmten alten Schiffshebewerk ein neues gebaut.
a) Erkläre, warum man ein Schiffshebewerk auch Fahrstuhl nennt!
b) Vergleiche die Größenangaben beider Tröge und berechne Unterschiede!

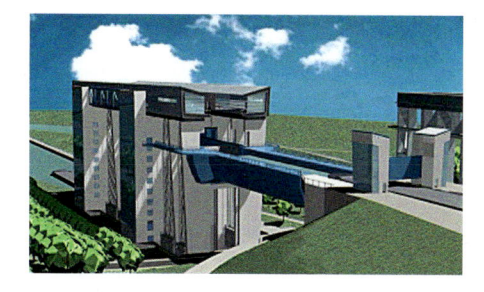

	Trog des alten Schiffshebewerks	Trog des neuen Schiffshebewerks
Länge	85,0 m	124,0 m
Breite	12,0 m	12,5 m
Wassertiefe	2,5 m	4,0 m
Gewicht ohne Wasser	1800 t	1409 t
Gewicht mit Wasser	4300 t	8500 t

Zusammenfassung

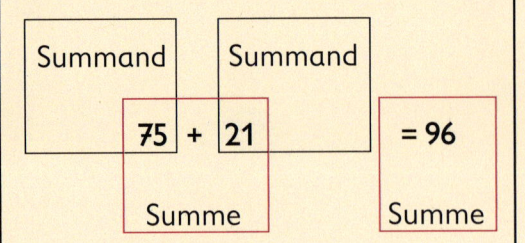

Addition	Subtraktion
Summand + **Summand** = **Summe** 75 + 21 = 96 (Summe)	**Minuend** − **Subtrahend** = **Differenz** 96 − 21 = 75 (Differenz)
Alle Aufgaben der Addition sind lösbar. 12 + 48 = 60 3 + 154 = 157	Aufgaben der Subtraktion sind nur dann lösbar, wenn der Minuend nicht kleiner als der Subtrahend ist. 70 − 36 = 34 70 − 70 = 0 70 − 80 n. l.
Addiert man Eins zu einer Zahl, so erhält man den **Nachfolger** der Zahl. 5 + 1 = 6 99 + 1 = 100	Subtrahiert man Eins von einer von Null verschiedenen Zahl, so erhält man den **Vorgänger** der Zahl. 5 − 1 = 4 99 − 1 = 98
Addiert man Null zu einer Zahl, so erhält man wieder diese Zahl. 15 + 0 = 15 279 + 0 = 279	Subtrahiert man Null von einer Zahl, so erhält man wieder diese Zahl. 15 − 0 = 15 279 − 0 = 279
Die Summanden kann man vertauschen. Die Summe bleibt gleich. 15 + 6 = 6 + 15 21 = 21	Subtrahiert man eine Zahl von sich selbst, so erhält man Null. 15 − 15 = 0 279 − 279 = 0

Summanden kann man beliebig zusammenfassen. Die Summe bleibt gleich.
 	
(38 + 9) + 41 = 38 + (9 + 41)
    47   + 41 = 38 +   50
             88 = 88
	Die Subtraktion ist die Umkehrung der Addition.
	
	     +6 +15
	15 ⇄ 21 6 ⇄ 21
	     −6 −15

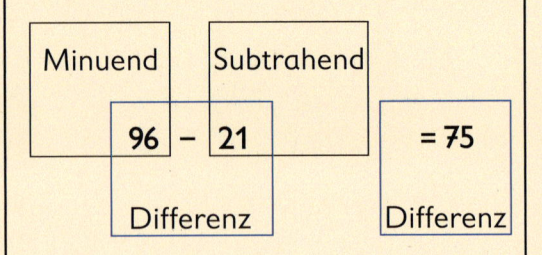

Beim **schriftlichen Addieren und Subtrahieren** müssen stets
Einer unter Einern, Zehner unter Zehnern, Hunderter unter Hundertern,
Tausender unter Tausendern und so weiter stehen.

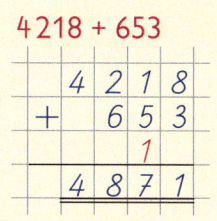

4218 + 653

```
  4 2 1 8
+   6 5 3
      1
  4 8 7 1
```

5612 − 3075

```
  5 6 1 2
− 3 0 7 5
    1 1
  2 5 3 7
```
oder
```
  5 10 12
  5 6̷ 1̷ 2̷
− 3 0 7 5
  2 5 3 7
```

Sind mehrere Zahlen zu subtrahieren,
so kann man auf verschiedene Weise rechnen.

943 − 128 − 325

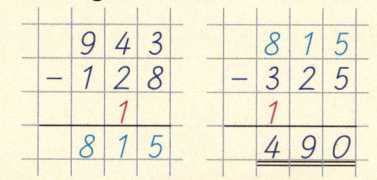

1. Möglichkeit:
```
  9 4 3        8 1 5
− 1 2 8      − 3 2 5
    1            1
  8 1 5        4 9 0
```

2. Möglichkeit:
```
  1 2 8        9 4 3
+ 3 2 5      − 4 5 3
    1            1
  4 5 3        4 9 0
```

3. Möglichkeit:
```
  9 4 3
− 1 2 8
− 3 2 5
  1 1
  4 9 0
```

Runden

Wir runden auf Vielfache von 10:

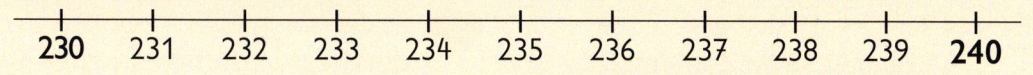

230 231 232 233 234 235 236 237 238 239 240

← **Abrunden auf 230**   **Aufrunden auf 240** →

231 ≈ 230   233 ≈ 230   235 ≈ 240   237 ≈ 240   239 ≈ 240
232 ≈ 230   234 ≈ 230   236 ≈ 240   238 ≈ 240

Wir runden auf Vielfache von 100:

2300 2310 2320 2330 2340 2350 2360 2370 2380 2390 2400

← **Abrunden auf 2300**   **Aufrunden auf 2400** →

2310 ≈ 2300   2325 ≈ 2300   2350 ≈ 2400   2379 ≈ 2400
2306 ≈ 2300   2349 ≈ 2300   2361 ≈ 2400   2392 ≈ 2400

Rechnen und Knobeln

1 Setze fort!
Rechne jeweils so lange, bis du eine Zahl erhältst, die nur aus gleichen Ziffern besteht!

a) 74 + 37 + 37 + ...
b) 6 054 + 789 + 789 + ...
c) 491 − 76 − 76 − ...
d) 1 240 − 287 − 287 − ...
e) 153 − 74 + 97 − 74 + 97 − ...

2 Ergänze so, dass Zauberquadrate entstehen!

152	532	456
684		
		608

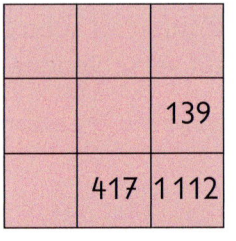

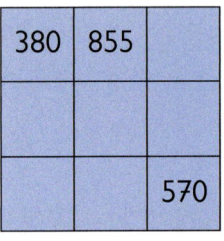

Zauberzahl:

214	749	
	535	

Zauberzahl: 1 605

		139
	417	1 112

Zauberzahl: 2 085

380	855	
		570

Zauberzahl: 1 425

3 Wie alt ist die Linde vor dem Rathaus?
Addiere zur größten einstelligen Zahl die größte zweistellige und die größte dreistellige Zahl! Von der Summe subtrahiere die kleinste vierstellige Zahl! Das Ergebnis gibt dir das Alter der Linde an!

4 a) Sven denkt sich eine Zahl. Wenn er seine Zahl mit 8 multipliziert und zum Produkt 444 addiert, dann erhält er 500. Wie heißt Svens Zahl?
Beim Lösen hilft dir ein **Pfeilbild**:

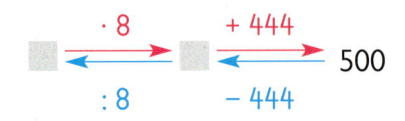

```
        · 8        + 444
    ☐ ←——— ☐ ←——— 500
        : 8        − 444
```

b) Wenn du zu Tinas Zahl 315 addierst und von der Summe 648 subtrahierst, dann erhältst du 250. Wie heißt Tinas Zahl?
c) Bilde selbst solche Rechenrätsel und löse sie!

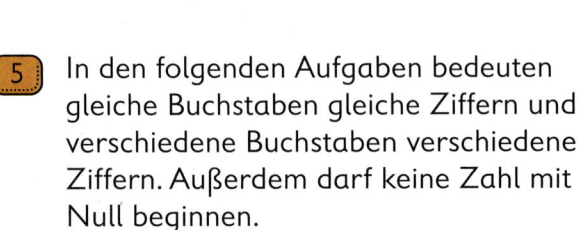

5 In den folgenden Aufgaben bedeuten gleiche Buchstaben gleiche Ziffern und verschiedene Buchstaben verschiedene Ziffern. Außerdem darf keine Zahl mit Null beginnen.
Finde Lösungen!
Begründe, warum es für Teilaufgabe d keine Lösung geben kann!

a)   DU
   + ICH
   ─────
    WIR

b)   PAAR
   + PAAR
   ─────
    VIER

c)   ER
   + WAR
   ─────
    DORT

d)   TOR
   + TOR
   ─────
    TORE

Geometrie — Dreiecke, Vierecke

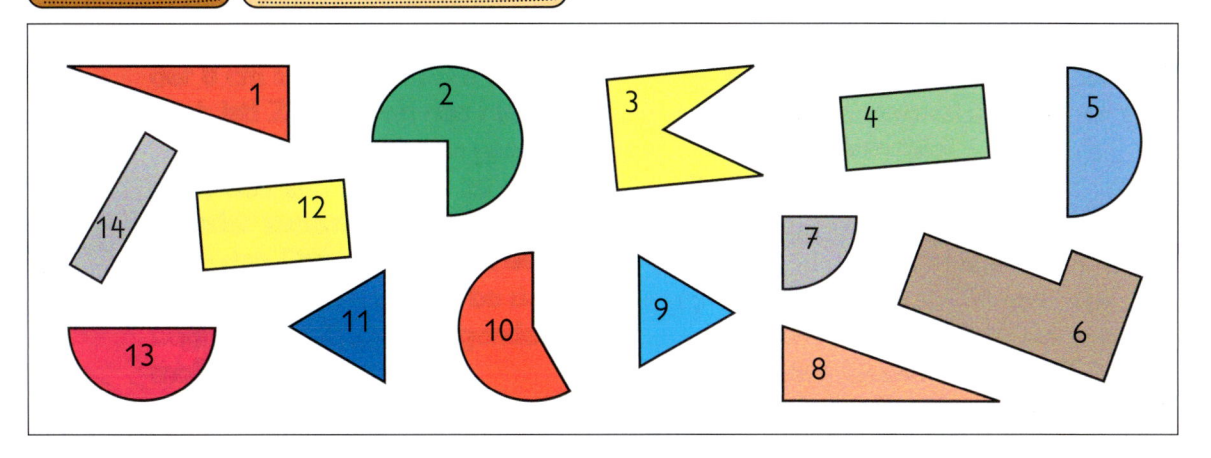

1 Nenne Teile, die du so zusammenlegen kannst:
a) zu einem Kreis, b) zu einem Dreieck, c) zu einem Viereck!

Welche Arten von Vierecken entstehen dabei?

2 Vergleiche die Dreiecke des Figurensatzes miteinander!
Worin unterscheiden sie sich?

3 Lege immer mehrere Teile des Figurensatzes
so zusammen, dass folgende Figuren entstehen:
a) Dreiecke ohne rechte Winkel,
b) Vierecke mit vier rechten Winkeln,
c) Vierecke ohne rechten Winkel,
d) Vierecke mit zueinander parallelen Seiten!

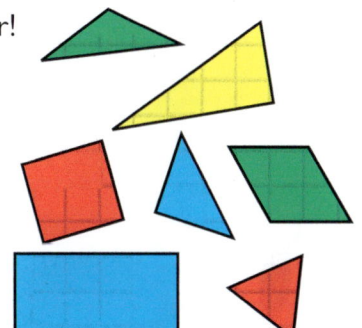

4 Spanne auf einem Geo-Brett Gummis so, dass Dreiecke und Vierecke mit den unten angegebenen Eigenschaften entstehen! Fertige von den Figuren auf Karopapier Skizzen an!
a) Dreiecke mit einem rechten Winkel
b) Dreiecke mit zwei gleich langen Seiten
c) Dreiecke mit einem rechten Winkel und zwei gleich langen Seiten
d) Vierecke mit vier gleich langen Seiten
e) Vierecke mit vier rechten Winkeln
f) Vierecke mit zueinander parallelen Seiten

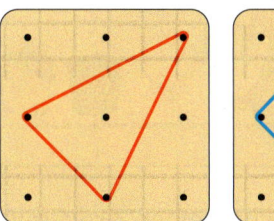

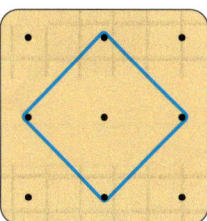

5 Lege 18 gleich lange Stäbchen so auf den Tisch, dass ein Dreieck entsteht, in dem 9 kleine Dreiecke enthalten sind!
Nimm dann jeweils 6 Stäbchen so weg,
dass folgende Figuren übrig bleiben:
a) genau 3 kleine Dreiecke und das große Dreieck,
b) genau 2 kleine Dreiecke und das große Dreieck,
c) genau 3 Dreiecke verschiedener Größe,
d) nur genau 6 kleine Dreiecke!

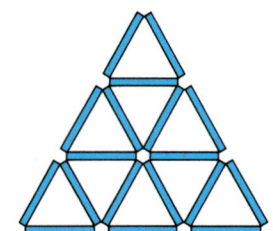

Kreise

1 Zeichne je einen Kreis mit einem Radius der Länge
a) 3 cm, b) 5 cm, c) 6 cm, d) 25 mm, e) 3 cm 3 mm, f) 4,8 cm!

2 Zeichne je einen Kreis mit einem Durchmesser der Länge
a) 6 cm, b) 70 mm, c) 4,8 cm!

3 Zeichne einen Kreis, indem du die Kreisfläche eines Gegenstands umfährst! Schneide den Kreis aus und ermittle durch Falten den Mittelpunkt des Kreises!

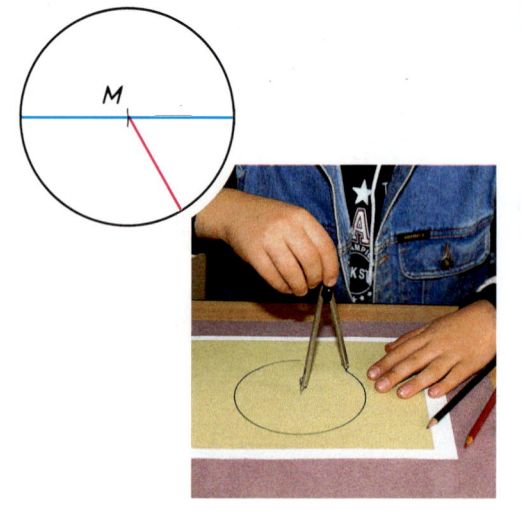

4 Zeichne mit dem Zirkel Muster aus Kreisen! Male die Muster mit Farbstiften aus!

5

a) Zeichne einen Kreis mit dem Mittelpunkt M und einem Radius von 2 cm!
b) Zeichne in den Kreis zwei Durchmesser so ein, dass sie miteinander rechte Winkel bilden!
c) Verbinde die Eckpunkte der Durchmesser miteinander! Beschreibe die entstandene Figur und überprüfe deine Aussagen!
d) Zeichne um M zwei weitere Kreise! Ihre Radien sollen sich vom gegebenen Radius jeweils um 1 cm unterscheiden.
e) Verlängere die beiden Durchmesser von Teilaufgabe b und gehe weiter wie in Teilaufgabe c vor!
f) Male die Zeichnung wie ein Muster aus!

Rechtecke

1 Steffi und Sascha wollen aus Farbpapierresten jeder ein Rechteck ausschneiden. Sie gehen dabei unterschiedlich vor.

Steffi faltet ihr Stück Papier nacheinander so, wie es die Bilder 1 bis 4 zeigen:

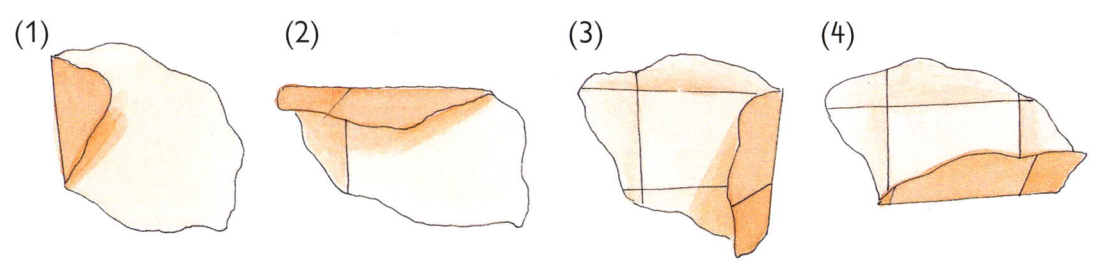

(1)   (2)   (3)   (4)

a) Falte ein Blatt Papier wie Steffi!
b) Begründe, warum die entstandene Figur ein Rechteck ist!
c) Überprüfe, welche Strecken zueinander senkrecht sind!
   Welche Hilfsmittel kannst du dafür benutzen?
d) Überprüfe, welche Strecken zueinander parallel sind!
   Kann man dafür die gleichen Hilfsmittel benutzen wie bei Teilaufgabe c?

2

Sascha zeichnet an einem Rand des Farbpapiers eine gerade Linie. Dann zeichnet er so weiter:

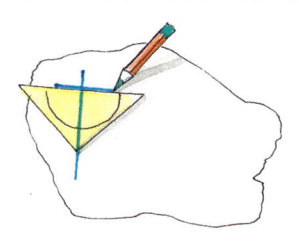

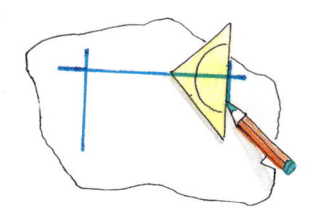

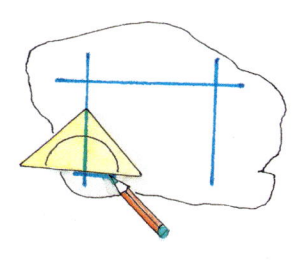

a) Zeichne ein Rechteck so, wie es Sascha getan hat!
b) Begründe, warum die entstandene Figur ein Rechteck ist!

3

a) Vergleiche deine Arbeitsergebnisse beim Falten und beim Zeichnen miteinander!
b) Wie würdest du vorgehen, wenn du ein Rechteck ausschneiden sollst, das die Seitenlängen 5 cm und 3 cm haben muss? Begründe deine Antwort!

Zeichnen von Rechtecken und Quadraten

1 Benny zeichnet ein Rechteck mit den Seitenlängen 5 cm und 3 cm.
Sein Vorgehen beschreibt er so:
1. Ich zeichne die Strecke $\overline{AB}$ mit der Länge 5 cm.
2. Ich zeichne die Senkrechte zur Strecke $\overline{AB}$ durch den Punkt A. Ich trage darauf die Strecke $\overline{AD}$ mit der Länge 3 cm ab.
3. Ich zeichne die Senkrechte zur Strecke $\overline{AB}$ durch den Punkt B. Dann trage ich darauf die Strecke $\overline{BC}$ mit der Länge 3 cm ab.
4. Ich verbinde die Punkte C und D. Damit erhalte ich ein Rechteck ABCD. Es hat die Seitenlängen 5 cm und 3 cm.

a) Veranschauliche Bennys Lösungsweg durch das Legen von Stäbchen! Worauf musst du achten?
b) Zeichne ein Rechteck nach Bennys Beschreibung!
c) Zeige mit Hilfe der Stäbchen, in welcher anderen Reihenfolge man beim Zeichnen eines Rechteckes auch vorgehen könnte!

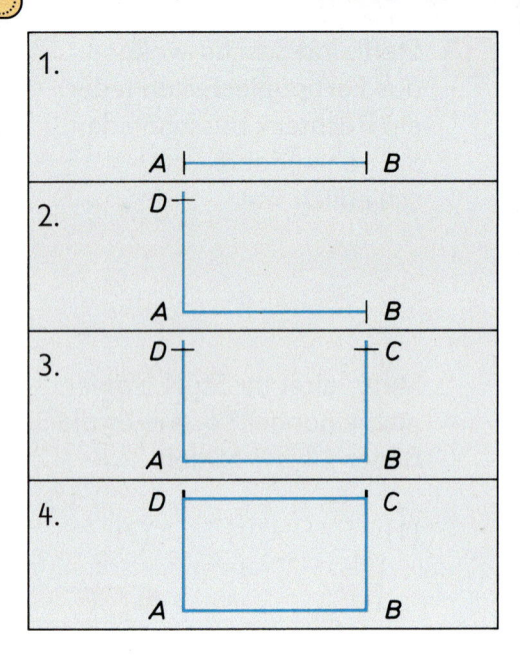

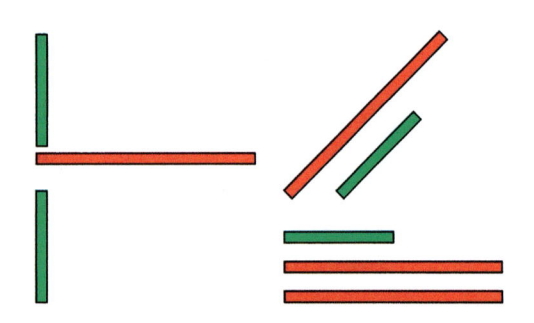

2 Zeichne Rechtecke mit den in der Tabelle angegebenen Seitenlängen! Probiere dabei verschiedene Lösungswege aus!

$\overline{AB}$	6 cm	4,5 cm	6,8 cm	3 cm	2 cm	1 cm
$\overline{BC}$	2 cm	3,5 cm	13 mm	3 cm	5 cm	10 cm

3 a) Zeichne ein Quadrat ABCD mit der Seitenlänge 4 cm!
b) Halbiere die Seiten des Quadrats ABCD und verbinde die erhaltenen Punkte durch Strecken! Was für eine Figur ist entstanden? Überprüfe deine Vermutung auch an anderen Quadraten!
c) Zeichne nun ein Rechteck EFGH mit den Seitenlängen 4 cm und 6 cm und gehe ebenso vor wie in Teilaufgabe b! Was stellst du jetzt fest?

Parallelogramme

Ein **Parallelogramm** ist ein Viereck, bei dem die gegenüberliegenden Seiten zueinander parallel sind.

1 Tobias hat aus Stäbchen Figuren gelegt. Suche nach Parallelogrammen! Überprüfe deine Vermutungen mit Hilfe einer Parallelenschablone oder mit Hilfe eines Geodreiecks!

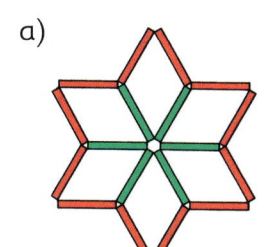

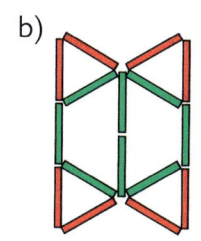

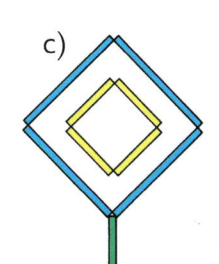

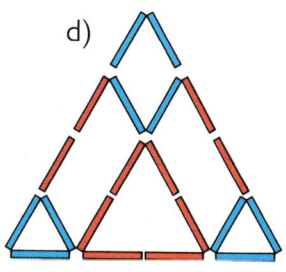

a) b) c) d)

2

Lege acht Dreiecke des Figurensatzes so aneinander:
a) In dieser Figur sind zehn Parallelogramme enthalten. Beschreibe jeweils, aus welchen Dreiecken sie bestehen!
b) Zeige Parallelogramme, die vier gleich lange Seiten haben! Weshalb sind das keine Quadrate?

Ein Parallelogramm mit 4 gleich langen Seiten nennt man Rhombus oder Raute.

3 Anne sagt, dass sie beim Zusammenlegen von zwei gelben Dreiecken des Figurensatzes zwei verschiedene Arten von Dreiecken und vier verschiedene Arten von Vierecken erhalten kann.
a) Probiere aus, ob Anne Recht hat!
b) Welche der Vierecke sind Parallelogramme?

4

Zeichne zwei gerade Linien, die zueinander parallel sind!
Zeichne so weiter, dass ein Parallelogramm entsteht!

Trapeze

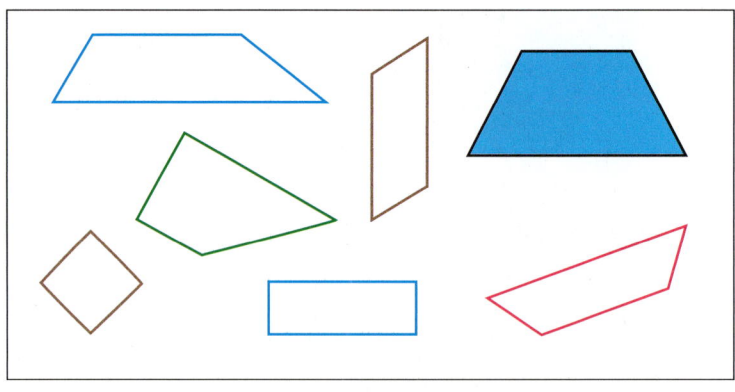

Ein **Trapez** ist ein Viereck, bei dem mindestens zwei gegenüberliegende Seiten zueinander parallel sind.

1 Lege mit Stäbchen Trapeze!

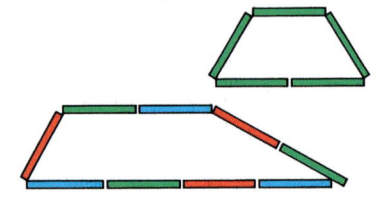

2 a) Lege Teile des Figurensatzes zu Trapezen zusammen!
b) Welche dieser Trapeze sind auch Parallelogramme?

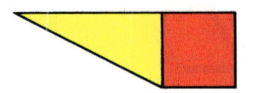

3 Suche in der nebenstehenden Figur
a) nach Dreiecken,
b) nach Parallelogrammen,
c) nach Trapezen!

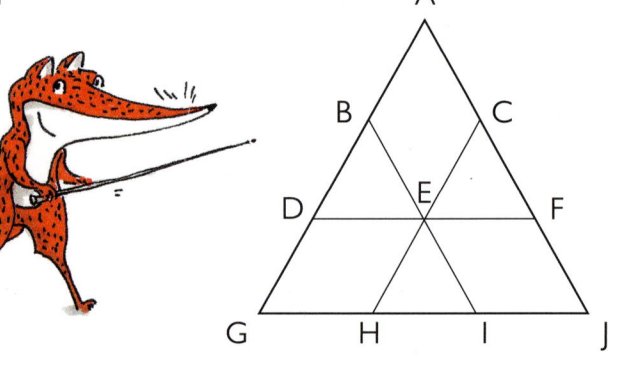

Halte dein Ergebnis in einer solchen Tabelle fest!

Dreiecke	Parallelogramme	Trapeze
DEB	GHED	ABEF

4 Lege mit Stäbchen ein Trapez, das rechte Winkel hat, aber kein Rechteck ist!

5 Zerlege ein Quadrat auf verschiedene Weise jeweils durch das Einzeichnen einer Strecke in zwei deckungsgleiche Dreiecke oder Vierecke!

6 Spanne auf einem Geo-Brett Gummis so, dass Parallelogramme und Trapeze entstehen! Fertige davon Skizzen an!

Drachenviereck

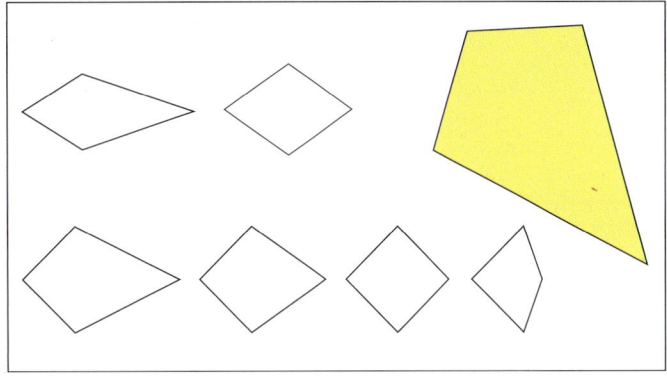

Ein Drachenviereck ist ein Viereck mit 2 Paaren gleich langer benachbarter Seiten.

1 Lege mit Stäbchen Drachenvierecke!

2 Lege Teile des Figurensatzes zu Drachenvierecken zusammen!

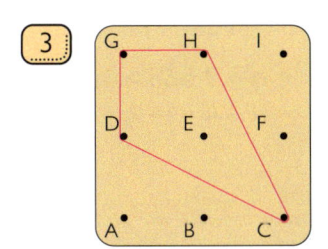

3
a) Lukas hat mit Gummis auf seinem Geo-Brett das Drachenviereck DCHG gespannt. Welche Drachenvierecke kann er auf seinem Geo-Brett noch aufspannen?
b) Drachenvierecke haben eine Symmetrieachse. Beschreibe, wie diese verläuft!

4
a) Ordne die abgebildeten Figuren den folgenden Eigenschaften zu und benenne die Vierecke!
– Vierecke mit mindestens zwei zueinander parallelen Seiten
– Vierecke mit zwei Paaren von parallelen Seiten
– Vierecke mit gleich langen gegenüberliegenden Seiten und vier rechten Winkeln
– Vierecke mit vier gleich langen Seiten und vier rechten Winkeln
b) Sprich über dein Ergebnis!

5 Nenne Eigenschaften von
a) Quadraten,
b) Rechtecken,
c) Parallelogrammen,
d) Trapezen!

Wiederholung und Kontrolle

1 Überschlage zuerst, dann rechne genau und vergleiche!

a) 14 615
   + 22 958

b) 67 011
   + 8 649

c) 9 684
   − 4 581

d) 23 615
   − 11 405

5 103
12 210
37 573
75 660

e) 31 215
   + 48 659
   + 10 874

f)   5 836
   + 71 048
   + 158 364

g) 67 896
   − 41 230
   − 4 123

h) 90 000
   − 4 716
   − 38 142

22 543
47 142
90 748
235 248

2 a) $5\,012 + \blacksquare = 7\,139$
     $8\,365 + \blacksquare = 22\,046$

b) $31\,871 - \blacksquare = 25\,684$
   $49\,035 - \blacksquare = 7\,826$

286	2 127
8 679	2 169
21 557	6 187
41 209	13 681

c) $964 + a = 1\,250$
   $b - 1\,804 = 365$

d) $x + 2\,351 = 11\,030$
   $25\,716 - y = 4\,159$

3 Gib jeweils fünf Lösungen an!

a) $33\,697 + c < 33\,709$
   $65\,099 + d < 65\,108$

b) $45\,108 - e > 45\,099$
   $87\,363 - f > 87\,336$

c)* $g + 9\,588 > 10\,000$
    $h - 4\,444 < 5\,555$

4 Geburtenzahlen in Altberg

Altberg	2003	2004
Mädchen	781	824
Jungen	815	806

a) Wie viele Kinder wurden 2003 in Altberg insgesamt geboren?
b) Wie viele Kinder wurden in Altberg 2004 mehr als 2003 geboren?

5 Nenne jeweils einen Gegenstand, dessen Masse du in
a) Gramm,
b) Kilogramm,
c) Tonnen   angeben würdest!

6 Nenne jeweils ein Gefäß mit einem ungefähren Rauminhalt
a) von $\frac{1}{2}$ Liter,
b) von 50 Millilitern,
c) von 10 Litern!

7 Wandle um in Kilogramm!
a) 5 000 g   b)   2 t
   6 218 g   1,346 t
   400 g   0,058 t
   75 g   4,500 t

8 Wandle um in Liter!
a) 3 000 ml   b) 720 ml
   15 000 ml   1365 ml
   8 290 ml   250 ml
   850 ml   10 ml

9 Vergleiche!

a) 1,260 kg ◯ 126 g
   $\frac{3}{4}$ kg ◯ 340 g
   0,550 t ◯ 550 kg

b) 80 g ◯ 0,080 kg
   0,3 t ◯ 3 000 kg
   70 kg ◯ 7 dt

c) $\frac{1}{2}$ l ◯ 50 ml
   2,5 l ◯ 250 ml
   0,34 l ◯ 304 ml

10 a) 1,420 kg + 12,500 kg   b)   3,5 kg + 0,250 kg
      0,384 kg + 1,650 kg   0,8 t − 800 kg
      2 kg 30 g + 47 g   4 kg 600 g − 750 g

11 a)   5,250 l + 5,750 l   b)   4,281 l − 2,160 l
      0,350 l + 1,200 l   6,500 l − 712 ml
      2 l 375 ml + 50 ml   7 l 800 ml − 950 ml

Ergebnisse: 13,920 kg; 3,850 kg; 3,750 kg; 2,077 kg; 2,034 kg; 0 kg   11 l; 6,850 l; 5,788 l; 2,425 l; 2,121 l; 1,550 l

12 a) Tino wog zum Beginn des Schuljahres 38,5 kg.
     Inzwischen hat er 750 g zugenommen. Wie schwer ist Tino nun?
   b) Maria wog zum Beginn des Schuljahres 2 kg weniger als Tino.
     Sie hat inzwischen 1,160 kg zugenommen. Wie schwer ist Maria nun?

13 a) Das abgebildete Dreieck ADH enthält zueinander parallele und zueinander senkrechte Strecken. Überprüfe das!
   b) Schreibe Strecken der Figur auf, die 2 cm lang sind!
   c) Wie viele Dreiecke findest du in der Figur? Schreibe sie so auf: ABG, ...! Unterstreiche Dreiecke, die drei gleich lange Seiten haben!
   d) Finde möglichst viele der zwölf in der Figur enthaltenen Vierecke! Schreibe sie so auf: ABFG, ...! Unterstreiche Parallelogramme rot, Trapeze blau!
   e) Zeichne mit dem Bleistift eine gleichartige Figur so in dein Heft, dass du den Bleistift nicht absetzen musst! Dabei darfst du keine Linie zweimal zeichnen.
   f)* Zeichne die Figur mit dem Geodreieck in dein Heft! Entnimm die notwendigen Maße aus der Abbildung!

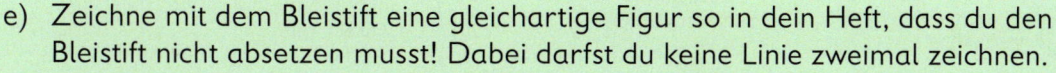

14 a) Zeichne einen Kreis mit dem Radius 3 cm!
   b) Zeichne in den Kreis einen Durchmesser ein und verbinde die Endpunkte A und B des Durchmessers mit einem anderen Punkt der Kreislinie!
   c) Zeichne in denselben Halbkreis und in den anderen Halbkreis noch je zwei weitere solche Dreiecke ein!
   d) Prüfe mit einem Geodreieck, welche dieser fünf Dreiecke einen rechten Winkel haben!

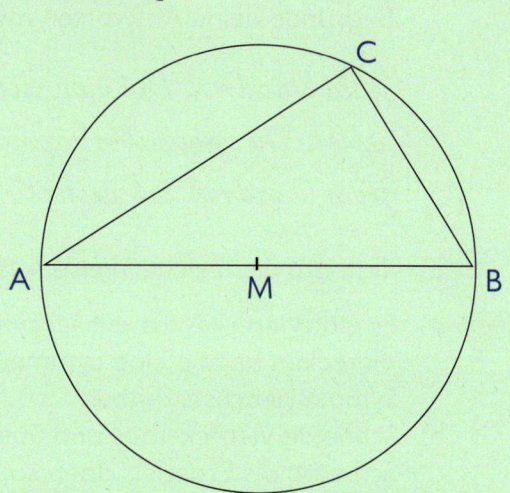

Vierecksarten

1 a) Benenne diejenigen Vierecke, die du kennst!

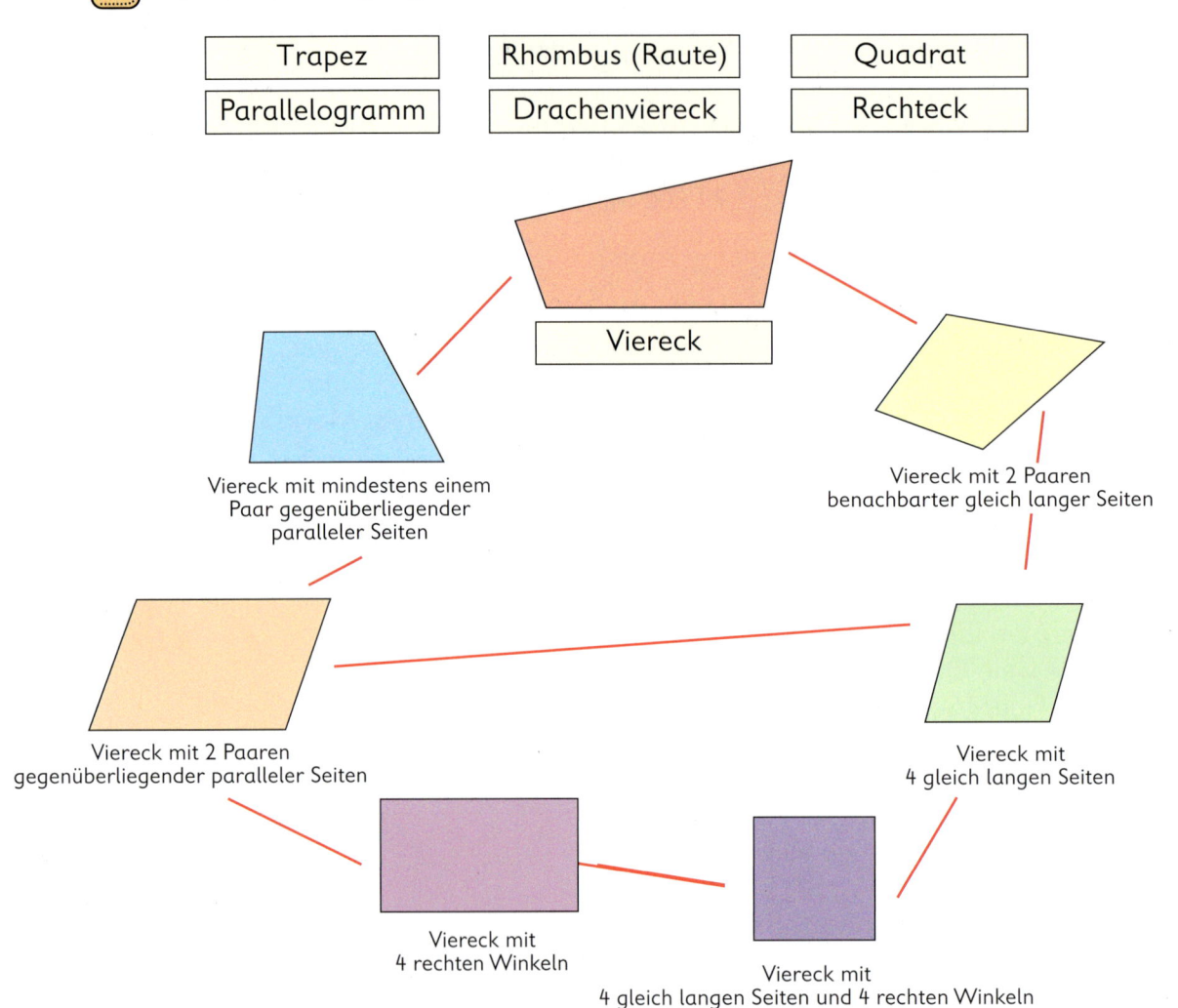

Trapez	Rhombus (Raute)	Quadrat
Parallelogramm	Drachenviereck	Rechteck

Viereck

Viereck mit mindestens einem Paar gegenüberliegender paralleler Seiten

Viereck mit 2 Paaren benachbarter gleich langer Seiten

Viereck mit 2 Paaren gegenüberliegender paralleler Seiten

Viereck mit 4 gleich langen Seiten

Viereck mit 4 rechten Winkeln

Viereck mit 4 gleich langen Seiten und 4 rechten Winkeln

b) Schreibe den folgenden Text in dein Heft und ergänze ihn!
Begründe deine Antworten mündlich!

Jedes Quadrat hat vier rechte Winkel und vier gleich lange Seiten. Die gegenüberliegenden Seiten sind zueinander parallel. Jedes Quadrat ist deshalb auch ein Rechteck, ein ...

c) Triff auf die gleiche Weise Aussagen über Rechtecke!

2 a) Es gibt Vierecke, die achsensymmetrisch sind. Fertige Freihandskizzen von Vierecken an, die eine Symmetrieachse, zwei Symmetrieachsen oder vier Symmetrieachsen haben!

b) Schneide Vierecke aus und überprüfe durch Falten deine Vermutungen! Schreibe als Ergebnis dann solche Sätze auf:

Alle ... haben ... Symmetrieachsen.

Multiplizieren und Dividieren — Vielfache und Teiler

Leonie hat 20 gleich große Quadrate. Aus je 4 Quadraten hat sie Figuren gelegt.

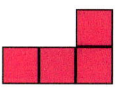

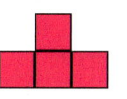

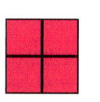

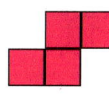

$5 \cdot 4 = 20$

$20 : 4 = 5$

20 ist ein **Vielfaches** von 4.

4 ist ein **Teiler** von 20.

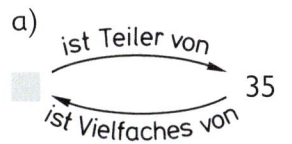

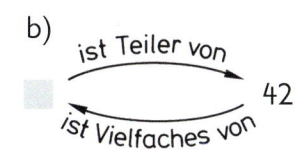

1

a) ☐ ist Teiler von 35 / ist Vielfaches von

b) ☐ ist Teiler von 42 / ist Vielfaches von

c) 10 ist Teiler von ☐ / ist Vielfaches von

2
a) Nenne Vielfache von 5, die kleiner als 100 sind!
b) Nenne Vielfache von 8, die kleiner als 100 sind!
c) Nenne gemeinsame Vielfache von 5 und 8, die kleiner als 100 sind!

3
a) Nenne Teiler von 60!
b) Nenne Teiler von 45!
c) Nenne gemeinsame Teiler von 60 und 45!
d)* Nenne gemeinsame Teiler der Zahlen 48 und 72!

4 Gib zu den blauen Zahlen jeweils die benachbarten Vielfachen von 6 an!

a) 12 14 18
      26
      37
      56

b)   20
      52
      33
      48

5 Gib zu den blauen Zahlen jeweils die benachbarten Vielfachen von 7 an!

a) 14 17 21
      60
      33
      44

b)   37
      22
      63
      51

6

Übertrage die Tabelle in dein Heft!
Sortiere alle Zahlen von 1 bis 20 nach der Anzahl ihrer Teiler!

ein Teiler	zwei Teiler	drei Teiler	vier Teiler	fünf Teiler	sechs Teiler
	19				20

7 In der Klasse 4c sind 24 Kinder. Welche Möglichkeiten gibt es, im Sportunterricht gleich große Mannschaften zu bilden?

Multiplizieren

1

3 · 10 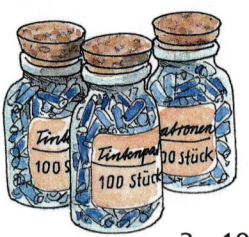 = 3 · 100  = 3 · 1000 =

2

a) 123 · 10	b) 100 · 0	c) 1000 · 1	d) 7 · 10 000	e) 3 · 100 000
6 168 · 10	100 · 254	1000 · 72	63 · 10 000	8 · 100 000
10 · 15 630	763 · 100	150 · 1000	10 000 · 88	100 000 · 10
10 · 98 403	3059 · 100	607 · 1000	10 000 · 100	100 000 · 0

3

3 · 7 000
5 · 3 000
2 · 5 000
4 · 4 000

Ulrich rechnet so:

3 · 7 000
3 ·   7 =   21
3 · 7 000 = 21 000

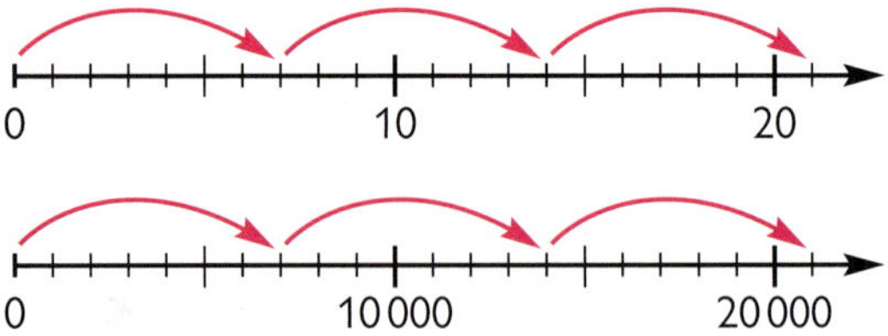

4

a) 2 · 600	b) 3 · 5000	c) 3 · 4000	d) 2 · 80 000	e) 4 · 50 000
4 · 300	9 · 3000	6 · 3000	9 · 20 000	3 · 6 000
8 · 200	5 · 9000	2 · 9000	4 · 70 000	8 · 300
7 · 500	6 · 4000	7 · 2000	5 · 60 000	7 · 70 000

5

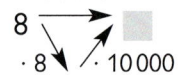

a) 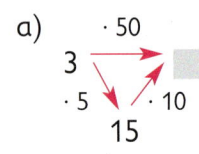 · 50 ; 3 ; · 5 ; · 10 ; 15
b) 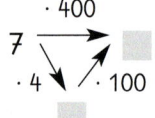 · 400 ; 7 ; · 4 ; · 100
c) 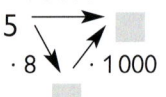 · 8000 ; 5 ; · 8 ; · 1000
d) · 80 000 ; 8 ; · 8 ; · 10 000

6 Welche Vielfachen von 10 erfüllen die Ungleichung?

a) 5 · x < 210   b) 370 > 12 · y   c) 11 · z + 50 < 720   d) 260 > 8 · x − 60

7

a) 4 · 3	b) 5 · 6	c) 3 · 2	d) 6 · 8
4 · 30	5 · 60	3 · 20	6 · 80
4 · 300	5 · 600	3 · 200	60 · 80
4 · 3000	50 · 600	30 · 200	600 · 80
4 · 30 000	500 · 600	300 · 200	6000 · 80

8 Fasse geschickt zusammen! Du darfst vertauschen!

a) 115 · 25 · 4	b) 71 · 200 · 5	c) 2 · 612 · 5
350 · 2 · 50	500 · 36 · 2	85 · 5 · 200
5 · 423 · 20	250 · 23 · 4	50 · 730 · 2
4 · 179 · 25	164 · 50 · 20	25 · 888 · 40

115 · 25 · 4
25 · 4 =   100
115 · 100 = 11 500
115 · 25 · 4 = 11 500

Multiplizieren

1
a)	b)	c)
3 · 320	2 · 4 800	2 · 41 000
4 · 180	7 · 2 200	8 · 11 000
2 · 510	4 · 6 100	7 · 19 000
5 · 220	3 · 5 600	5 · 28 000
6 · 310	8 · 5 100	4 · 31 000

```
3 · 320              Ü: 3 · 300 = 900
3 · 300 = 900        V: 960 ≈ 900
3 ·  20 =  60
900 +  60 = 960
3 · 320 = 960
```

Erkläre, wie du gerechnet hast!

2

a) *Robert rechnet so:*

```
5 · 260
 ↓·2  ↓:2
10 · 130 = 1 300
```

Begründe seinen Rechenweg!

b)
5 · 260
5 · 420
5 · 840
5 · 1 800
5 · 3 400
5 · 6 200

c) Überlege, wie du geschickt mit 50 oder mit 500 multiplizieren kannst!

d)
50 · 240
50 · 460
50 · 680
500 · 16
500 · 48
500 · 74

3

Die Aufgabe 2 · 590 lässt sich leicht lösen, wenn man zuerst 2 · 600 rechnet und davon 2 · 10 subtrahiert.

a) Schreibe den Rechenweg auf!
b) Rechne ebenso!

| 5 · 290 | 7 · 190 | 3 · 790 |
| 6 · 9 900 | 3 · 4 900 | 4 · 3 900 |

4 <, > oder = ?

a)
4 · 700 ● 3 000
5 · 9 000 ● 50 000
3 · 20 000 ● 60 000

b)
30 · 400 ● 10 000
60 · 200 ● 12 000
90 · 300 ● 30 000

c)
7 · 2 100 ● 14 700
3 · 4 900 ● 15 000
4 · 9 200 ● 37 000

5 Achte auf die richtige Reihenfolge der Rechnungen!

a)
3 · 20 + 90
300 − 4 · 60
2 · (80 + 70)

b)
1 200 + 12 · 50
3 100 − 5 · 400
8 · (2 030 + 70)

c)
4 · 400 − 2 · 600
700 · 3 + 3 · 500
9 · (800 − 300)

6

In einer Sekunde können diese Tiere folgende Wege zurücklegen:

| das Pferd | der Mauersegler | das Kaninchen | der Karpfen |
| bis zu 20 m | bis zu 50 m | bis zu 10 m | bis zu 3 m |

a) Wie viel Meter können diese Tiere in zehn Sekunden zurücklegen?
b) Wie viel Meter können es in einer Minute sein?

Dividieren

1) 40 : 10  = ▢   200 : 100  = ▢   3 000 : 1 000 = ▢

2) Zahlen: 2 404, 900, 5 000, 0, 370 025, 80 000, 3 460, 1 000 000, 305, 275 000, 10 555, 87 300, 999, 15 200, 273 030, 130 000, 900 000, 760

Welche Zahlen sind teilbar
a) durch 10,
b) durch 100,
c) durch 1 000,
d) durch 10 000?

Was fällt dir auf?
Formuliere Teilbarkeitsregeln!

3)
a) 2 800 : 4
28 000 : 4
280 000 : 4

b) 5 400 : 6
27 000 : 9
140 000 : 7

c) 7 200 : 8
42 000 : 6
450 000 : 5

> 2 800 : 4
> 28 : 4 = 7
> 2 800 : 4 = 700

4) Übertrage in dein Heft und rechne!

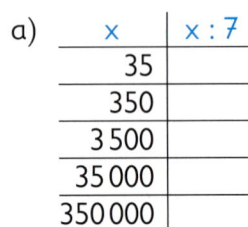

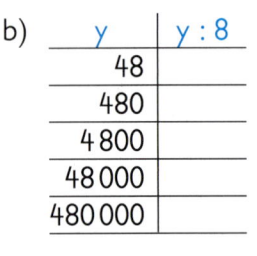

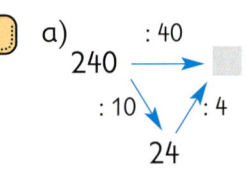

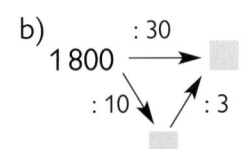

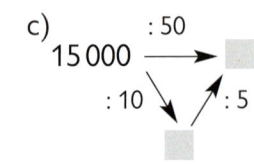

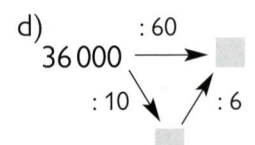

a)
x	x : 7
35	
350	
3 500	
35 000	
350 000	

b)
y	y : 8
48	
480	
4 800	
48 000	
480 000	

5)
a) 240 —:40→ ▢ ; :10 ↘ ↗ :4 ; 24
b) 1 800 —:30→ ▢ ; :10 ↘ ↗ :3 ; ▢
c) 15 000 —:50→ ▢ ; :10 ↘ ↗ :5 ; ▢
d) 36 000 —:60→ ▢ ; :10 ↘ ↗ :6 ; ▢

6) Achte auf die richtige Reihenfolge der Rechnungen!

a) 25 − 60 : 30 = ▢
(67 + 93) : 40 = ▢
240 : (105 − 25) = ▢
100 + 80 : 20 = ▢

b) 4 500 : 5 + 100 = ▢
1 300 − 6 400 : 80 = ▢
(9 950 − 5 050) : 70 = ▢
4 800 : (125 − 65) = ▢

c) 42 000 + 35 000 : 7 = ▢
(61 000 − 43 000) : 3 = ▢
75 000 − 54 000 : 6 = ▢
28 000 : (36 : 9) = ▢

7)
a) 600 : 200
900 : 300
2 400 : 400
3 600 : 600

b) 800 : 200
0 : 300
2 700 : 900
3 200 : 400

c) 12 000 : 400
21 000 : 700
64 000 : 800
72 000 : 900

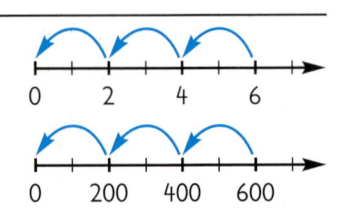

Dividieren

1 Löse die Aufgaben, indem du Dividend und Divisor verdoppelst!

	a)	b)	c)	d)
	400 : 5	650 : 5	700 : 50	2 500 : 500
	350 : 5	3 000 : 5	2 500 : 50	6 000 : 500
	610 : 5	75 000 : 5	81 000 : 50	52 000 : 500

```
400 :  5
 ↓·2  ↓·2
800 : 10 = 80
```

2 *Die Aufgabe 570 : 30 lässt sich leicht lösen, wenn man zuerst 600 : 30 rechnet und davon 30 : 30 subtrahiert.*

a) Schreibe den Rechenweg auf!
b) Rechne ebenso!
980 : 20,   760 : 40,   840 : 60,
2 700 : 300,   38 000 : 2 000

3
a) 360 : 30
440 : 40
880 : 80
720 : 60

b) 6 600 : 600
2 400 : 200
14 700 : 700
24 800 : 800

c) 220 : 20
770 : 70
550 : 50

d) 30 300 : 300
40 800 : 400
90 900 : 900

360 : 30
Kati überschlägt:
300 : 30 = 10

Jan rechnet so:
```
360 : 30
 36 :  3 = 12
360 : 30 = 12
```

Ferit rechnet anders:
```
360 : 30
300 : 30 = 10
 60 : 30 =  2
 10 +  2 = 12
360 : 30 = 12
```

4 Welche Zahlen kannst du einsetzen?

a) 8 · x = 240
y · 400 = 1 200

b) 2 100 : 7 = x
y : 1 000 = 43

c) x : 70 = 5
3 700 : y = 37

d) 190 : 10 > x
y · 80 < 1 600

5 Sage vor dem Lösen der Aufgabe, ob ein Rest bleibt!

a) 320 : 10
501 : 10

b) 710 : 100
1 200 : 100

c) 0 : 100
2 002 : 100

d) 6 000 : 1 000
17 000 : 1 000

6 Welche Zahl liegt zwischen 1 100 und 1 200 und lässt beim Teilen durch 100 den Rest 11?

7 Die Grundschule am Schwanenteich hat 480 Schülerinnen und Schüler. Der sechste Teil der Kinder kommt mit dem Bus, der zehnte Teil mit dem Fahrrad und alle übrigen Kinder gehen zu Fuß zur Schule.

8 Katis Mutter möchte eine neue Polstergarnitur kaufen. Sie will den Kaufpreis in zehn Raten bezahlen. Wie groß ist eine Rate?

2 400,- €

Schriftliches Multiplizieren mehrstelliger mit einstelligen Zahlen

1 Die Schülerbücherei der Grundschule am Stadtsee besaß vor zwei Jahren 123 Bücher über Tiere. Inzwischen sind es dreimal so viele Bücher.

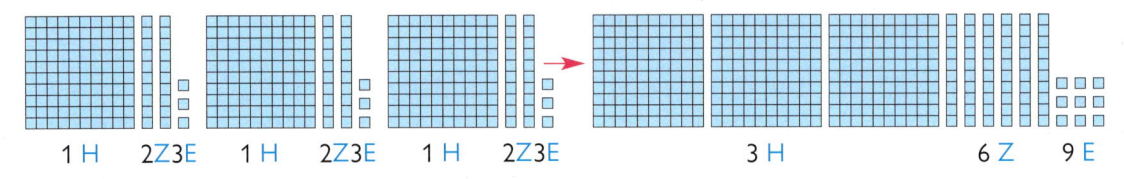

1 H   2 Z 3 E   1 H   2 Z 3 E   1 H   2 Z 3 E   →   3 H   6 Z   9 E

a) Jana rechnet in drei Schritten. Erkläre ihren Rechenweg!

1. Schritt
H	Z	E		
1	2	3	·	3
H	Z	E		
		9		

2. Schritt
H	Z	E		
1	2	3	·	3
H	Z	E		
	6	9		

3. Schritt
H	Z	E		
1	2	3	·	3
H	Z	E		
3	6	9		

Jana rechnet:	3 · 3 E = 9 E	3 · 2 Z = 6 Z	3 · 1 H = 3 H
Jana schreibt:	9	6	3

b) Überprüfe das Ergebnis!

2 Katja und Sven haben die Aufgabe 123 · 3 überschlagen.
Katja: 100 · 3 = 300   *Sven:* 200 · 3 = 600   Was meinst du dazu?

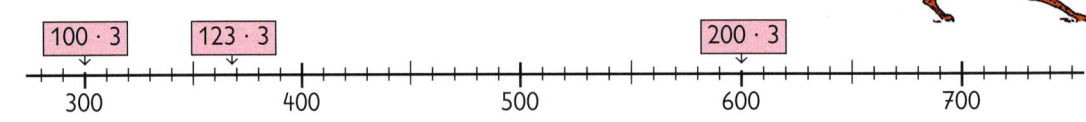

100 · 3   123 · 3   200 · 3
—|—|—|—|—|—|—|—|—|—|—|—|—|—|—|—|—|—|—|—|—|—|—
300   400   500   600   700

3 Überschlage zuerst, dann rechne genau und vergleiche!

a) 434 · 2 =
   111 · 8 =
   223 · 3 =
   122 · 4 =

b) 1 134 · 2 =
   1 233 · 3 =
   1 011 · 7 =
   1 212 · 4 =

c) 1 213 · 3 =
   2 212 · 4 =
   4 143 · 2 =
   1 101 · 9 =

d) 14 430 · 2 =
   13 231 · 3 =
   10 101 · 8 =
   11 202 · 4 =

Schriftliches Multiplizieren mehrstelliger mit einstelligen Zahlen

1 Das Kino in Neuhausen hat 248 Plätze. Am Sonntag waren beide Vorstellungen des Tierfilms „Der Riesenkrake" ausverkauft.
Wie viele Besucher haben den Tierfilm am Sonntag gesehen?

Hunderter	Zehner	Einer
4 H	8 Z	16 E

→

Hunderter	Zehner	Einer
4 H	9 Z	6 E

a) Tobias rechnet in drei Schritten. Erkläre seinen Rechenweg!

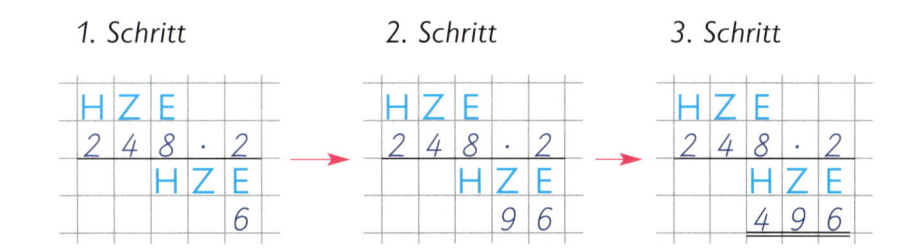

1. Schritt

H Z E
2 4 8 · 2
H Z E
      6

→

2. Schritt

H Z E
2 4 8 · 2
H Z E
    9 6

→

3. Schritt

H Z E
2 4 8 · 2
H Z E
4 9 6

Tobias rechnet:	2 · 8 E = 16 E	2 · 4 Z = 8 Z	2 · 2H = 4H
	16 E = 1 Z + 6 E	8 Z + 1 Z = 9 Z	
Tobias schreibt:	6	9	4
Tobias überträgt:	1 Z		

b) Überprüfe das Ergebnis!

2
a)	b)	c)	d)	e)	f)
123 · 4	327 · 2	1026 · 3	1014 · 6	32 317 · 3	40 407 · 2
113 · 6	223 · 4	1249 · 2	1215 · 4	10 114 · 7	13 009 · 3
226 · 3	227 · 3	1103 · 5	1327 · 3	23 419 · 2	10 103 · 8
317 · 2	408 · 2	3418 · 2	3208 · 2	11 004 · 8	21 214 · 4

3
a)	b)	c)
347 · 2	1031 · 5	21 913 · 3
261 · 3	2114 · 4	17 201 · 4
241 · 4	1732 · 3	10 081 · 5
534 · 2	6343 · 2	81 343 · 2
311 · 7	1090 · 8	15 010 · 6

Aufgepasst, der Übertrag muss nicht immer an der Einerstelle entstehen!

Schriftliches Multiplizieren mehrstelliger mit einstelligen Zahlen

1 In der Grundschule in Seedorf wurden in der vergangenen Woche täglich 183 Portionen Mittagessen ausgegeben. Wie viele Essen waren das insgesamt?
a) Überschlage!
b) Laura rechnet in drei Schritten. Erkläre die Aufgabe!

1. Schritt

H	Z	E		
1	8	3	·	5
	H	Z	E	
			5	

2. Schritt

H	Z	E		
1	8	3	·	5
	H	Z	E	
		1	5	

3. Schritt

H	Z	E		
1	8	3	·	5
	H	Z	E	
	9	1	5	

Laura rechnet:	5 · 3 E = 15 E	5 · 8 Z = 40 Z	5 · 1 H = 5 H
	15 E = 1 Z + 5 E	40 Z + 1 Z = 41 Z	5 H + 4 H = 9 H
		41 Z = 4 H + 1 Z	
Laura schreibt:	5	1	9
Laura überträgt:	1 Z	4 H	

2 Überschlage zuerst, dann rechne genau und vergleiche!

a) 264 · 3
147 · 5
496 · 2
135 · 4
128 · 7

b) 133 · 5
186 · 2
374 · 4
207 · 6
417 · 3

c) 1213 · 8
2134 · 4
2407 · 3
4962 · 2
1230 · 7

d) 1032 · 9
1304 · 7
4145 · 3
2330 · 5
6583 · 2

e) 13 033 · 6
17 421 · 5
45 397 · 2
21 203 · 8
30 262 · 4

Du kannst die Schreibweise verkürzen:

2	6	4	·	3
	7	9	2	

3

Im Kopf oder schriftlich? Beginne mit der leichtesten Aufgabe!

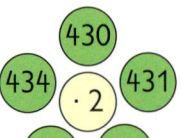

a) · 2: 430, 431, 432, 433, 434

b) · 4: 199, 200, 201, 202, 203

c) E —·6→ A

117	
118	
119	
120	
121	

d) E —·3→ A

1998	
1999	
2000	
2001	
2002	

e)

a	7 · a
11 096	
11 097	
11 098	
11 099	
11 100	

Schriftliches Multiplizieren mehrstelliger mit einstelligen Zahlen

1 Ordne die Ergebnisse nach ihrer Größe! Beginne mit der kleinsten Zahl! Welches Wort erhältst du?

193 · 6	M	482 · 3	E	3431 · 3	R	604 · 3	T
413 · 2	C	397 · 2	S	10101 · 8	N	237 · 4	H	1212 · 4	E
1323 · 9	L	12789 · 2	I	761 · 5	T	23410 · 5	G

2 Ulrikes Füller hat gekleckst. Wie heißen die Aufgaben und ihre Lösungen?

a) 423 · 2
   ♦♦6

b) 217 · ♦
   868

c) 42♦ · 3
   1287

d) ♦♦33 · 7
   7931

e) ♦53 · 5
   376♦

f) 1243 · ♦
   ♦458

3 Merkwürdige Ergebnisse

a)
1 · 8 + 1 =
12 · 8 + 2 =
123 · 8 + 3 =
1234 · 8 + 4 =
12345 · 8 + 5 =

b)
1 · 9 + 2 =
12 · 9 + 3 =
123 · 9 + 4 =
1234 · 9 + 5 =
12345 · 9 + 6 =

c)
9 · 9 + ⬚ = 88
98 · 9 + ⬚ = 888
987 · 9 + ⬚ = 8888
9876 · 9 + ⬚ = 88888
98765 · 9 + ⬚ = 888888

4 Bilde und löse Aufgaben!

a) Rechne so lange, bis du eine einstellige Zahl erhältst! Wie heißt sie?
(689; · 3, − 528, · 4, − 432)

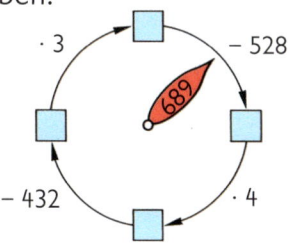

b) Rechne so lange, bis du eine fünfstellige Zahl erhältst! Wie heißt sie?
(123; + 111, · 9, − 999, · 2)

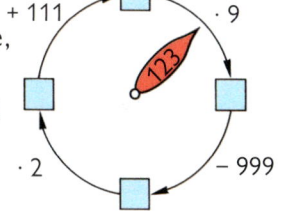

5 Lauras Opa ist Imker. Er hat 8 Bienenvölker. Zu einem Bienenvolk gehören etwa 60 000 Bienen.

6 Um ein Kilogramm Honig herzustellen, müssen die Bienen etwa 3 Kilogramm Blütennektar sammeln. Im vorigen Jahr hat Lauras Opa 384 Kilogramm Honig geerntet. Wie viel Blütennektar wurde dafür gebraucht?

7 Bei jedem Flug sammelt eine Biene von etwa 50 Blüten den Nektar ein und bestäubt dabei diese Blüten. Um 1 Gramm Honig herzustellen, braucht eine Biene etwa 60 Flüge. Wie viele Blüten bestäubt sie dabei?

Schriftliches Multiplizieren mit Zehner- und Hunderterzahlen

1 a) 23 · 10 = x
412 · 10 = x
1 869 · 10 = x

b) 17 · 100 = y
384 · 100 = y
5 678 · 100 = y

c) Nenne die Regeln für das Multiplizieren mit 10 und 100!

2

In der Firma von Olivers Eltern wird Eiskrem hergestellt. Am Freitag kommen 275 Kartons mit je 30 Tüten Vanilleeis aus der Produktion. Wie viele Tüten Vanilleeis sind es insgesamt?

Oliver überschlägt:
300 · 30 = 9 000

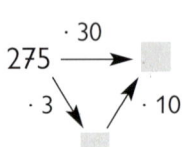

Er überlegt:
275 —·30→ ☐
·3 ↘ ↗ ·10
   ☐

275 · 30
8 2 5 0

a) Oliver multipliziert 275 mit 3. Dann hängt er an das Produkt eine Null an.
Begründe, warum er so vorgehen darf!

b) Im vorigen Sommer wurden an einem Tag 495 Kartons mit je 30 Tüten Vanilleeis hergestellt. Wie viele Eistüten waren das?

3 Überschlage zuerst, dann multipliziere schriftlich!

a) 224 · 40
318 · 30
710 · 50
463 · 20

b) 191 · 80
274 · 20
107 · 60
293 · 30

c) 386 · 20
213 · 70
804 · 30
129 · 90

d) 370 · 90
709 · 30
483 · 60
217 · 80

e) 3 715 · 20
2 062 · 40
1 380 · 70
2 344 · 50

4

2 9 1 · 3 0 0
8 7 3 0 0

a) 291 · 300
463 · 200
151 · 500
208 · 400

b) 127 · 300
810 · 700
271 · 400
109 · 500

c) 436 · 200
156 · 600
315 · 800
204 · 900

d) 4 270 · 200
2 145 · 300
1 608 · 500
2 169 · 400

5

Wie oft bewegen diese Insekten ihre Flügel, wenn sie eine Minute lang fliegen?

Insekt	Flügelschläge pro Sekunde
Kohlweißling	12
Maikäfer	46
Honigbiene	245
Mücke	575

Aufgaben mit zwei verschiedenen Rechenarten

1 a) 247 →(+193)→ ☐ →(·20)→ ☐
b) 136 →(·300)→ ☐ →(−672)→ ☐
c) 3231 →(+456)→ ☐ →(·30)→ ☐

164 →(·80)→ ☐ →(−942)→ ☐
281 →(+143)→ ☐ →(·400)→ ☐
7495 →(−605)→ ☐ →(·70)→ ☐

326 →(−179)→ ☐ →(·60)→ ☐
915 →(−788)→ ☐ →(·500)→ ☐
1207 →(·200)→ ☐ →(−95103)→ ☐

2 Rechne aus und vergleiche die Ergebnisse!

a) $x = 124 \cdot 90 - 20$
$y = (124 \cdot 90) - 20$
$z = 124 \cdot (90 - 20)$

b) $u = 514 + 116 \cdot 30$
$v = 514 + (116 \cdot 30)$
$w = (514 + 116) \cdot 30$

Punktrechnung geht vor Strichrechnung!

Klammern müssen aber zuerst ausgerechnet werden!

3 Rechne aus und vergleiche!

a) $3 \cdot 10 + 4 \cdot 10$
$(3 + 4) \cdot 10$

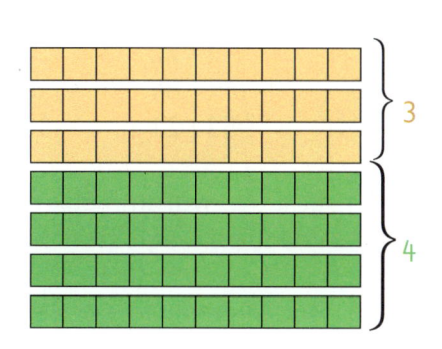

b) $600 \cdot 44 + 400 \cdot 44$
$(600 + 400) \cdot 44$

c) $154 \cdot 800 - 154 \cdot 700$
$154 \cdot (800 - 700)$

4
a) $30 \cdot 15 + 555$
$375 - 17 \cdot 20$
$999 + 25 \cdot 400$
$13\,720 - 700 \cdot 12$

b) $40 \cdot (189 - 95)$
$(128 + 674) \cdot 70$
$300 \cdot (546 - 488)$
$(39 + 86) \cdot 600$

c) $15 \cdot 60 - 12 \cdot 60$
$36 \cdot 200 + 14 \cdot 200$
$426 \cdot 300 - 406 \cdot 300$
$319 \cdot 700 + 79 \cdot 700$

5 Rico denkt sich eine Zahl. Wenn er seine Zahl durch 3 dividiert und dann vom Ergebnis 186 subtrahiert, so erhält er 34. Wie heißt Ricos Zahl? Hier hilft dir ein **Pfeilbild**.

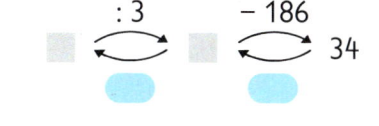

☐ →(:3)→ ☐ →(−186)→ 34

6 Die Tabelle gibt an, wie viel Limonade der Getränkemarkt Hinz von Mai bis September verkauft hat. In jedem Kasten waren 20 Flaschen. Bilde und löse Aufgaben!

Mai	128 Kästen
Juni	173 Kästen
Juli	226 Kästen
August	184 Kästen
September	136 Kästen

Schriftliches Multiplizieren mehrstelliger mit zweistelligen Zahlen

1 Die Naturbühne in Steinberg hat 348 Sitzplätze. Im letzten Sommer waren alle 27 Vorstellungen von „Winnetou" ausverkauft. Wie viele Personen haben die Vorstellungen insgesamt besucht?

Marita überschlägt: 300 · 30 = 9 000.
Die Aufgabe 348 · 27 rechnet Marita in drei Schritten.
Erkläre ihren Rechenweg!

1. Schritt
```
3 4 8 · 2 0
6 9 6 0
```

2. Schritt
```
3 4 8 · 7
2 4 3 6
```

3. Schritt
```
  6 9 6 0
+ 2 4 3 6
        1
  9 3 9 6
```

Kurzform
```
3 4 8 · 2 7
6 9 6 0
2 4 3 6
      1
9 3 9 6
```

2 Überschlage zuerst, dann multipliziere schriftlich!

a)	b)	c)	d)	e)	f)*
76 · 11	92 · 23	210 · 43	232 · 42	168 · 93	2 360 · 16
86 · 17	67 · 34	142 · 22	304 · 28	221 · 30	4 851 · 53
69 · 13	74 · 40	117 · 84	518 · 34	637 · 45	3 072 · 44
94 · 18	83 · 52	453 · 21	430 · 25	709 · 24	6 593 · 71

3 *Felix verkürzt die Schreibweise:*
```
2 5 1 · 3 2
    7 5 3
    5 0 2
        1
    8 0 3 2
```

a) Erkläre, warum Felix die Null am Ende des ersten Produkts weglassen darf!

b) Rechne ebenso wie Felix!

86 · 37	127 · 31	563 · 29	740 · 52
93 · 24	253 · 19	875 · 43	903 · 75
61 · 53	414 · 26	389 · 83	550 · 66
57 · 44	303 · 42	987 · 38	654 · 80

4 *Die Aufgabe 234 · 99 lässt sich leicht lösen, wenn man zuerst 234 · 100 rechnet und dann davon 234 subtrahiert.*

a) Schreibe den Rechenweg auf!

b) Berechne ebenso!
   85 · 99   160 · 99   123 · 99
   235 · 99   490 · 99   568 · 99

5 Nenne drei Vielfache von Eintausend, die die Ungleichung erfüllen!

a) 178 · 16 < ▨
   193 · 24 > ▨

b) 224 · 17 > ▨
   263 · 32 < ▨

c) 406 · 27 > ▨
   570 · 35 < ▨

d) 365 · 46 > ▨
   608 · 18 < ▨

86

Schriftliches Multiplizieren mehrstelliger mit zweistelligen Zahlen

PRO EINWOHNER VON NEUSTADT FÄLLT IN EINEM JAHR ETWA FOLGENDER MÜLL AN:

145 kg Küchenabfälle	28 kg Kunststoffe
73 kg Papier, Pappe	17 kg Metalle
32 kg Glas	50 kg andere Abfälle

1 In den Haushalten fällt in jedem Jahr viel Müll an.
   a) Wie viel Kilogramm Hausmüll fällt pro Einwohner von Neustadt insgesamt in einem Jahr an?
   b) Berechne den Papiermüll, den Kunststoffmüll und den Gesamtmüll eines 5-Personen-Haushalts für ein Jahr!
   c) In der Goethestraße 11 in Neustadt wohnen 27 Menschen.

2 In den Betrieben von Neustadt entsteht insgesamt pro Einwohner der Stadt dreizehnmal so viel Abfall wie Hausmüll.
Wie viel Abfall ist das pro Einwohner in einem Jahr?

3 Herr Hinz hat eine Woche lang notiert, welcher Müll in seinem 4-Personen-Haushalt angefallen ist.

Müll	So	Mo	Di	Mi	Do	Fr	Sa
Küchenabfälle	2 kg	0,5 kg	0,5 kg	–	0,5 kg	1,0 kg	2,5 kg
Papier, Pappe	–	1,0 kg	–	0,5 kg	–	1,0 kg	1,5 kg
Glas	1 kg	–	0,5 kg	–	0,5 kg	–	1,0 kg
Kunststoffe	1 kg	–	–	1,0 kg	–	–	1,0 kg
andere Abfälle	1 kg	0,5 kg	–	0,5 kg	–	0,5 kg	1,5 kg

   a) Wie viel Müll könnte bei Familie Hinz insgesamt in einem Jahr anfallen?
   b) Welcher Müll kann zu den Sammelbehältern gebracht werden?
      Wie viel Kilogramm Müll bleiben dann noch für die Mülltonne?
   c) Bilde weitere Aufgaben und löse sie!
   d) Beobachte und erfrage eine Woche lang, wie viel Müll bei dir zu Hause anfällt! Schätze die Mengen!
      Lege eine Tabelle an! Bilde Aufgaben und löse sie!

4 Herr Hinz hat festgestellt, dass die Hälfte des Abfalls in den Mülltonnen vor seinem Haus aus Verpackungsmaterial besteht.
Zum Wohnhaus gehören acht Mülltonnen.

Schriftliches Multiplizieren mehrstelliger mit dreistelligen Zahlen

1 Der Hausmeister der Grundschule am Markt hat im vergangenen Schuljahr täglich 124 Flaschen Schokomilch verkauft. Wie viele Flaschen waren das im gesamten Schuljahr (186 Tage)?

Daniel überschlägt: 100 · 200 = 20 000.
Die Aufgabe 124 · 186 rechnet Daniel in vier Schritten. Erkläre seinen Rechenweg!

1. Schritt
```
1 2 4 · 1 0 0
    1 2 4 0 0
```

2. Schritt
```
1 2 4 · 8 0
      9 9 2 0
```

3. Schritt
```
1 2 4 · 6
        7 4 4
```

4. Schritt
```
    1 2 4 0 0
  +   9 9 2 0
  +     7 4 4
        1 2
    2 3 0 6 4
```

Kurzform
```
1 2 4 · 1 8 6
    1 2 4 0 0
      9 9 2 0
        7 4 4
        1 2
    2 3 0 6 4
```

2 Überschlage zuerst, dann multipliziere schriftlich!

a) 214 · 156   b) 461 · 214   c) 316 · 284   d) 770 · 210
   291 · 132   507 · 125   728 · 436   439 · 265
   326 · 161   268 · 260   509 · 328   772 · 540
   187 · 178   860 · 142   813 · 289   964 · 481
   317 · 113   655 · 302   632 · 456   506 · 390

3 Laura schreibt so:
```
2 4 1 · 1 3 2
    2 4 1
      7 2 3
        4 8 2
    1   1
  3 1 8 1 2
```

Erkläre Lauras Schreibweise!

4 Rechne ebenso wie Laura!

a) 127 · 114   b) 604 · 321   c) 321 · 123   d) 652 · 338
   290 · 183   278 · 244   584 · 230   803 · 456
   168 · 133   340 · 189   654 · 305   840 · 260
   250 · 170   414 · 208   470 · 290   591 · 505
   146 · 164   543 · 177   708 · 345   909 · 440

5 Aufgabe und Tauschaufgabe

a) 18 · 263 = ▢   b) 32 · 483 = ▢   c) 6 · 749 = ▢   d) 121 · 864 = ▢
   263 · 18 = ▢   483 · 32 = ▢   749 · 6 = ▢   864 · 121 = ▢

e) 81 · 975 = ▢   f) 72 · 687 = ▢   g) 9 · 854 = ▢   h) 205 · 788 = ▢
   975 · 81 = ▢   687 · 72 = ▢   854 · 9 = ▢   788 · 205 = ▢

Welche Aufgaben fallen dir leichter? Begründe!

Schriftliches Multiplizieren mehrstelliger mit dreistelligen Zahlen

1 Merkwürdige Ergebnisse

a) 369 · 271
328 · 271
287 · 271

b) 137 · 73
137 · 146
137 · 219

c) 11 · 11
111 · 111
1111 · 1111

d) 179 · 627
396 · 564
473 · 942

e) 533 · 231
847 · 273
749 · 429

2 Vervollständige!

a) 3◆1 · 3◆
    963
   1605
   ◆◆◆◆

b) 28◆ · ◆29
    284
    568
    ◆◆◆
   ◆66◆6

c) ◆37 · 2◆3
   1074
    ◆◆
   1611
   ◆◆43◆◆

d) 6◆◆ · ◆62
   ◆◆◆
   3810
   1270
   610◆◆

3 Ergänze die fehlenden Zahlen!

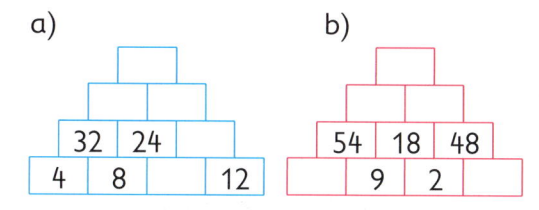

a)
32	24	
4	8	12

b)
54	18	48
	9	2	

4 Immer zwei Aufgaben haben dasselbe Ergebnis. Welche sind es?

903 · 206   84 · 36   4 · 217   408 · 201
306 · 402   69 · 64   603 · 204   48 · 63
804 · 102   309 · 602   7 · 124   96 · 46

5 Rechne aus und vergleiche!

a) 627 + 13 · 37 =
   (627 + 13) · 37 =
   627 + (13 · 37) =

b) 124 · (451 − 36) = x
   (124 · 451) − 36 = y
   124 · 451 − 36 = z

c) (183 + 148) · 216 = u
   183 + 148 · 216 = v
   183 + (148 · 216) = w

6 Fasse geschickt zusammen! Du darfst auch vertauschen!

a) 356 · 20 · 5
   25 · 909 · 4
   8 · 68 · 125
   250 · 483 · 4

b) 40 · 886 · 25
   5 · 427 · 200
   20 · 234 · 50
   2 · 169 · 500

c) 50 · 346 · 4
   60 · 512 · 5
   278 · 25 · 8
   5 · 567 · 80

d) 5 · 382 · 6
   707 · 14 · 5
   15 · 166 · 4
   449 · 4 · 35

7 Die Tafel gibt die Tagesproduktion der Fahrradfabrik Renner für das vergangene Jahr an.
a) Wie viele Fahrräder wurden insgesamt täglich hergestellt?
b) In der Fahrradfabrik wurde im vergangenen Jahr an 225 Tagen gearbeitet. Bilde und löse Aufgaben!

FAHRRAD-Renner
Kinderfahrräder: 235 Stück
Damenfahrräder: 175 Stück
Herrenfahrräder: 205 Stück

Multiplizieren von Größenangaben in Kommaschreibweise

1

Ingos Vater hat 47 Liter Diesel getankt.
Ingo überschlägt den Preis: 1 € · 50 = 50 €.
Ingo rechnet dann in drei Schritten den genauen Preis aus. Erkläre!

1. Schritt: 1,06 € = 106 ct

2. Schritt:
```
106 · 47
  424
  742
 4982
```

3. Schritt: 4982 ct = 49,82 €

2

a) 8,75 € · 24
2,59 € · 120
36 · 6,72 €
250 · 9,09 €

b) 1,25 m · 28
2,500 km · 15
32 · 7,6 cm
225 · 4,05 m

c) 1,700 kg · 12
0,825 t · 23
48 · 2,5 t
144 · 0,905 kg

d) 25,69 € · 7
12,15 € · 85
66 · 19,75 €
250 · 86,49 €

3 Petras Bruder hat sein Moped mit 8 Liter Benzin betankt und dann mit einem 10-Euro-Schein bezahlt.

4 Katjas Mutter hat in der vorigen Woche zweimal Diesel getankt: am Montag 39 Liter und am Sonnabend 43 Liter.
Wie viel Euro hat sie insgesamt bezahlt?

5 Herr Hinz bezahlt an der Kasse zwei Flaschen Motoröl zu je 4,95 € und 32 Liter Superbenzin. Reichen 50 €?

6 Zur Tankstelle gehört eine Autowaschanlage. Eine Autowäsche kostet 9,75 €.
  a) Berechne die Einnahmen vom Montag und vom Sonnabend!
  b) Wie hoch waren die Einnahmen in der ganzen Woche?

Anzahl der Autowäschen

Mo	Di	Mi	Do	Fr	Sa	So
28	36	51	46	86	107	63

Multiplizieren von Größenangaben in Kommaschreibweise

1 a) Überschlage zuerst, wie viel jeder zu bezahlen hat! Dann rechne genau!

SVEN
5 Becher Jogurt
2 Stücke Butter
3 Liter Milch

Petra
2 Liter Milch
3 Becher Quark
300 g Edamer

Sandra
2 Becher Jogurt
1 Liter Kakaomilch
2 Becher Sahne
300 g Frischkäse

Patrick
5 Liter Milch
300 g Gouda
2 Becher Quark
4 Becher Jogurt

FRISCHMARKT · ANGEBOTE ·

Vollmilch 1 Liter	0,55 €
Kakaomilch 1/2 Liter	0,35 €
Schlagsahne 200-g-Becher	0,39 €
Quark 250-g-Becher	0,41 €
Jogurt 150-g-Becher	0,39 €
Butter 250-g-Stück	0,95 €
Edamer Käse 100 g	1,10 €
Gouda-Käse 100 g	1,14 €
Frischkäse m. Kräutern 150 g	0,65 €
Schmelzkäse 200 g	0,92 €

b) Denke dir selbst Einkaufszettel aus und rechne!

2 Der Autotransporter der Firma Schmidt darf bis zu 7,5 t Nutzlast laden. Können acht PKW aufgeladen werden, wenn jeder PKW 0,950 t wiegt?

3 Die Grundschule am Park hat ein Paket mit 48 Schulbüchern bekommen. Jedes Buch wiegt 0,325 kg. Die Verpackung wiegt 1,5 kg. Wie schwer ist das Paket?

4 Die Klasse 4c hat für den Schulfasching eine bunte Papierkette aus 275 Ringen gebastelt. Jeder Ring wurde aus einem 12,5 cm langen Papierstreifen geklebt. Wie viel Meter Papierstreifen wurden verbraucht?

5 a) Anjas Eltern haben im Winter 2005 für ihren Urlaub in der Schweiz 900 Franken eingetauscht. Wie viel Euro mussten sie damals dafür bezahlen?
b) Anjas älterer Bruder fuhr am gleichen Wochenende nach Norwegen. Er nahm 1 200 norwegische Kronen mit. Wie viel Euro waren das?
c) Erkundige dich nach den aktuellen Wechselkursen!
d) Bilde weitere Aufgaben und löse sie!

WECHSELKURSE
11.03.2005

1 US-DOLLAR	0,75 E
1 KANADISCHER DOLLAR	0,62 E
1 BRITISCHES PFUND	1,43 E
100 SCHWEIZER FRANKEN	64,51 E
100 NORWEGISCHE KRONEN	12,26 E
100 DÄNISCHE KRONEN	13,43 E
100 POLNISCHE ZLOTY	25,12 E
100 TSCHECHISCHE KRONEN	3,39 E

Einheiten der Zeit

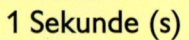

1 Sekunde (s) 1 Minute (min) 1 Stunde (h)

1 Tag
1 Woche
1 Monat
1 Jahr

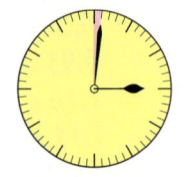

1 min = 60 s

1 In welcher Einheit würdest du folgende Zeitspannen angeben?
a) Zeitdauer für deinen Schulweg
b) Dauer eines Unterrichtsvormittags
c) Zeitdauer von der Apfelblüte bis zur Ernte
d) Keimzeit für Erbsen
e) Zeit, die du für einen 60-m-Lauf benötigst
f) Zeit, die du für das Lesen eines Buches brauchst

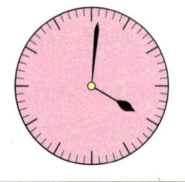

1 h = 60 min

1 Tag = 24 h

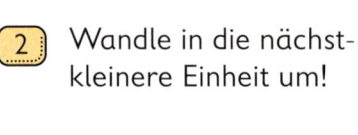

2 Wandle in die nächstkleinere Einheit um!

a) 3 min   b) 10 min
   8 min   12 min
   4 h   8 h
   7 h   11 h
   2 Tage   9 Tage
   6 Tage   7 Tage

3 Wandle in die nächstgrößere Einheit um!

a) 240 s   b) 300 s
   360 s   540 s
   120 min   420 min
   180 min   720 min
   72 h   192 h
   240 h   96 h

15 min = $\frac{1}{4}$ h

4 Vergleiche!

a) 64 s und 1 min   b) 55 min und 1 h   c) 70 h und 3 Tage
   180 s und 3 min   245 min und 4 h   100 h und 4 Tage
   390 s und 6 min   480 min und 8 h $\frac{3}{4}$ h und 40 min
   535 s und 9 min   610 min und 10 h   29 s und $\frac{1}{2}$ min

30 min = $\frac{1}{2}$ h

5 Anika und Benjamin schwimmen 100 m um die Wette. Anika schlägt nach genau 3 Minuten an. Benjamin benötigt 185 Sekunden. Wer hat gewonnen?

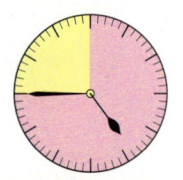

6 Maria und Achmed bepflanzten jeweils ein kleines Blumenbeet. Maria war nach 17 Minuten fertig. Achmed benötigte für sein Beet 14 Minuten.
Wer von beiden war in weniger als einer Viertelstunde fertig?

45 min = $\frac{3}{4}$ h

Einheiten der Zeit

1 Wandle in Tage um!
 a) 4 Wochen, 6 Wochen, 9 Wochen, 15 Wochen
 b) 5 Wochen, 12 Wochen, 20 Wochen, 52 Wochen

2 Wandle in Wochen um!
 a) 14 Tage, 21 Tage, 56 Tage, 70 Tage, 105 Tage
 b) 49 Tage, 63 Tage, 77 Tage, 140 Tage, 364 Tage

3 Vergleiche!
 a) 5 Wochen und 35 Tage
    8 Wochen und 60 Tage
 b) 12 Wochen und 85 Tage
    14 Wochen und 100 Tage

2005 April

Woche	13	14	15	16	17
Mo		4	11	18	25
Di		5	12	19	26
Mi		6	13	20	27
Do		7	14	21	28
Fr	1	8	15	22	29
Sa	2	9	16	23	30
So	3	10	17	24	

1 Woche = 7 Tage
1 Monat ≈ 4 Wochen
1 Jahr = 12 Monate

4 Wandle in Monate um!
 a) 3 Jahre, 6 Jahre
 b) 4 Jahre, 9 Jahre

5 Wandle in Jahre um!
 a) 24 Monate, 60 Monate, 96 Monate
 b) 84 Monate, 120 Monate, 180 Monate

6 Was meinst du dazu?

 Ein Jahr hat 365 Tage.
 Aber das Jahr 2008 hat 366 Tage!

7 Vergleiche!
 a) 700 Tage und 2 Jahre
    1 000 Tage und 3 Jahre
 b) 72 Monate und 6 Jahre
    50 Monate und 4 Jahre
 c) ein Vierteljahr und 3 Monate
 d)* 731 Tage und 2 Jahre

8 Ein Schwan brütet 35 Tage. Wie viele Wochen sind das?

9 Ein Adlerpaar brütet 60 Tage. Überschlage, wie viele Monate das ungefähr sind!

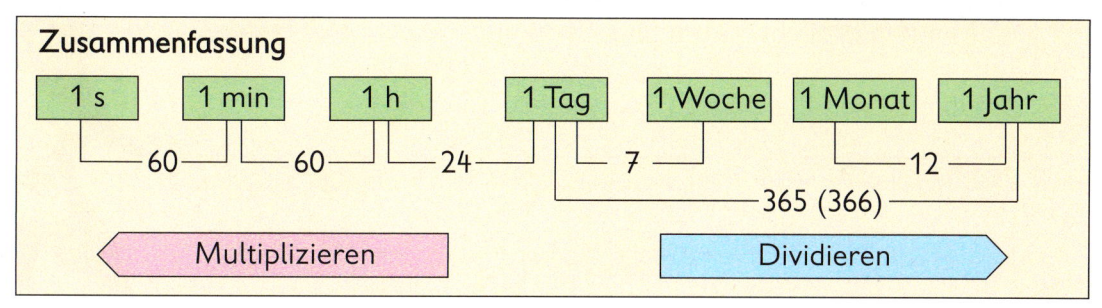

Zusammenfassung

1 s	1 min	1 h	1 Tag	1 Woche	1 Monat	1 Jahr

— 60 — 60 — 24 — 7 — — 12 —
— 365 (366) —

← Multiplizieren   Dividieren →

93

Zeitdauer und Zeitpunkt

Fahrzeit: ?

Abfahrt: 10:21 Uhr   Ankunft: 10:56 Uhr

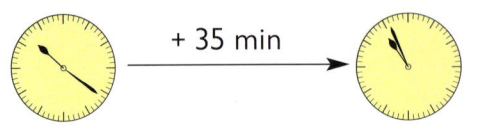

+ 35 min

1 Berechne jeweils die Fahrzeit!

Abfahrt	Ankunft
8:05 Uhr	8:47 Uhr
9:14 Uhr	9:51 Uhr
13:26 Uhr	14:00 Uhr
13:48 Uhr	14:24 Uhr
15:53 Uhr	17:06 Uhr
16:27 Uhr	18:28 Uhr

Fahrzeit: 42 min

Abfahrt: 9:35 Uhr   Ankunft: ?

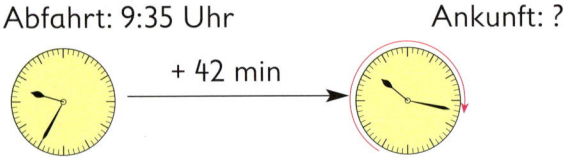

+ 42 min

2 Berechne jeweils die Ankunftszeit!

Abfahrt	Fahrzeit
7:10 Uhr	28 min
8:33 Uhr	27 min
8:54 Uhr	$\frac{1}{2}$ h
10:45 Uhr	32 min
11:17 Uhr	70 min
13:26 Uhr	1 h 5 min

Fahrzeit: 23 min

Abfahrt: ?   Ankunft: 8:54 Uhr

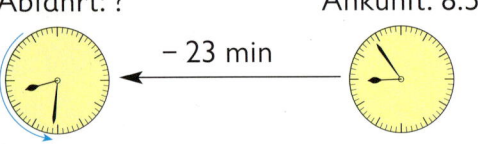

− 23 min

3 Berechne jeweils die Abfahrtszeit!

Ankunft	Fahrzeit
14:38 Uhr	34 min
15:56 Uhr	43 min
16:27 Uhr	28 min
17:31 Uhr	1 h
18:19 Uhr	$\frac{3}{4}$ h
19:04 Uhr	72 min

4 Rico ist am Nachmittag im Freizeitzentrum. Um 17:00 Uhr soll er wieder zu Hause sein. Er weiß, dass er für den Heimweg etwa 45 Minuten braucht. Wann muss Rico den Heimweg antreten?

5 Erzähle zu den Pfeilbildern Rechengeschichten!

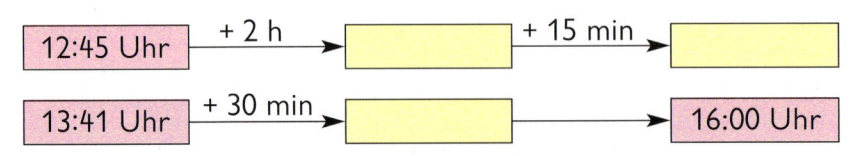

12:45 Uhr → + 2 h → ☐ → + 15 min → ☐

13:41 Uhr → + 30 min → ☐ → → 16:00 Uhr

Zeitdauer und Zeitpunkt

Berlin Zoolog. Garten ⟶ Dresden Hbf. *Sommerfahrplan 2005
Fahrplanauszug – Angaben ohne Gewähr*

Ab	Zug	Umsteigen	An	Ab	Zug	An	Verkehrstage
7:26	EC 171					9:56	täglich
7:31	RE 33101	Elsterwerda	9:39	9:45	RB 27941	10:55	Mo – Fr
7:58	RE 38207	Bln.-Schönefeld-Flugh.	8:30	8:39	RB 28795	12:18	täglich
		Ruhland	10:39	11:03	RE 17227		
9:26	EC 173					11:40	täglich
9:31	RE 33103	Elsterwerda	11:39	11:45	RB 27945	12:55	täglich
9:58	RE 38209	Bln.-Schönefeld-Flugh.	10:30	10:39	RB 28797	14:18	täglich
		Ruhland	12:39	13:03	RE 17229		
11:27	EC 175					13:40	täglich
11:31	RE 33105	Elsterwerda	13:39	13:45	RB 27949	14:55	täglich
12:38	IR 2285	Riesa	14:31	14:42	RE 17461	15:32	täglich
13:26	EC 177					15:40	täglich
13:31	RE 33107	Elsterwerda	15:39	15:45	RB 27953	16:47	täglich

1 a) Mit welchen Zügen könnte Frau Morgenstern von Berlin nach Dresden fahren, wenn sie spätestens um 12:00 Uhr in Dresden sein will?
b) Herr Krüger fährt mit dem Zug um 13:26 Uhr von Berlin-Zoolog. Garten. Wann wird er in Dresden sein? Wie lange dauert die Zugfahrt bis Dresden?
c) Familie Schulze erreicht mit dem Zug pünktlich um 12:18 Uhr den Dresdner Hauptbahnhof. Wann fuhr die Familie vom Bahnhof Berlin-Schönefeld ab? Wie lange dauerte ihre Zugfahrt?
d) Stelle weitere Aufgaben und löse sie!

2 Löse die folgenden Aufgaben mit Hilfe eines Kalenders!
a) Roman sagt, dass er in 15 Tagen einen Zahnarzttermin hat. Wann ist das?
b) Lisa hat am 6. Juni Geburtstag. Wie viele Tage sind es noch bis zu ihrem Geburtstag?
c) Karsten war vor genau drei Wochen zu Besuch bei seiner Oma. Wann war das?
d)* Welches Datum wird in einem halben Jahr sein?

3 Am 16. Juli 1969 startete um 17:32 Uhr die amerikanische Rakete Apollo 11 in den Weltraum. An Bord waren drei Astronauten. 106 Stunden und 24 Minuten später betrat Neil Armstrong als erster Mensch den Mond.
a) Suche das Jahr 1969 auf der Zeitleiste!
b) Wie viele Jahre sind seit 1969 vergangen?
c) An welchem Tag und zu welcher Uhrzeit betrat der erste Mensch den Mond?

Sputnik 1

1950 1960 1970 1980 1990 2000 2010

Geometrie — Vergleichen von Flächen

1 a) Falte ein Blatt Zeichenpapier nacheinander so:

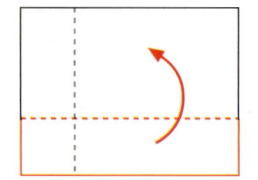

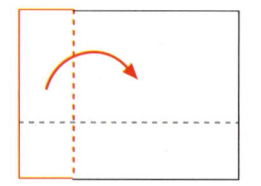

b) Schneide an den Faltlinien entlang!
c) Ordne die erhaltenen 4 Rechtecke nach den Flächengrößen! Lege dazu immer zwei Rechtecke übereinander!

2 Zum Figurensatz gehören auch Dreiecke und Vierecke mit rechten Winkeln. Wähle solche Dreiecke und Vierecke aus!

Ordne sie nach der Größe ihrer Flächen! Lege zum Vergleichen jeweils zwei Figuren aufeinander!

3 a) Lege die abgebildeten Figuren mit Teilen des Figurensatzes nach! Ermittle dann durch Auszählen, aus wie vielen Quadraten oder Dreiecken jede Figur besteht! Was stellst du fest?
b) Lege weitere Figuren mit gleich großen Flächen!

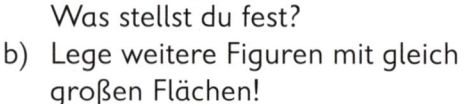

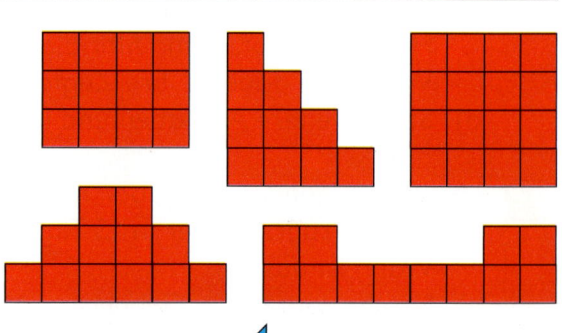

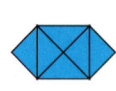

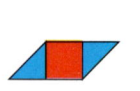

4 Sind die roten Flächen jeweils genauso groß wie die gelben? Schätze zuerst und prüfe es dann nach!

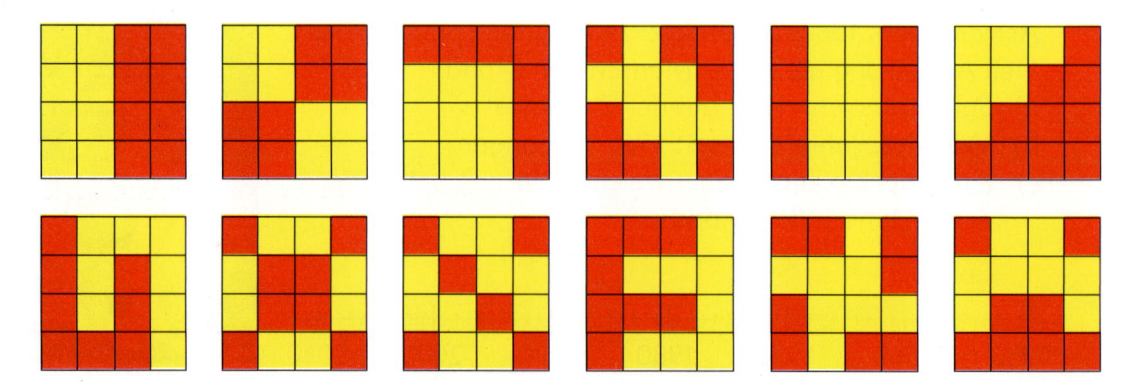

Flächeninhalt, Umfang

1 a) Übertrage die folgenden Figuren auf Kästchenpapier!

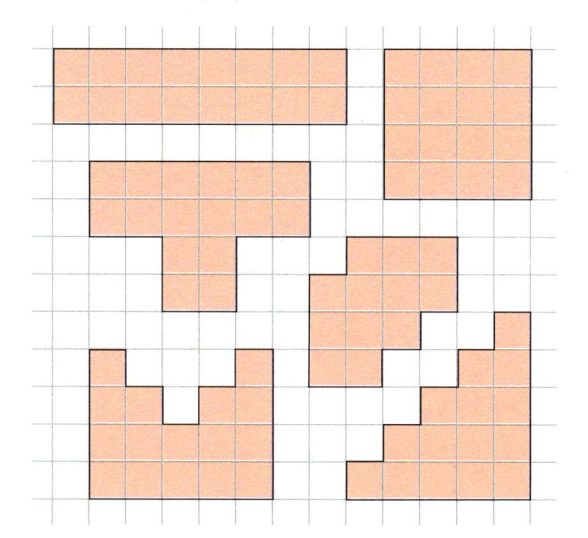

c) Zeichne den Rand jeder Figur mit einem Farbstift nach!

b) Schreibe unter jede Fläche, aus wie vielen Kästchen sie besteht! Diese Zahlen geben jeweils den **Flächeninhalt** der gezeichneten Figur an.

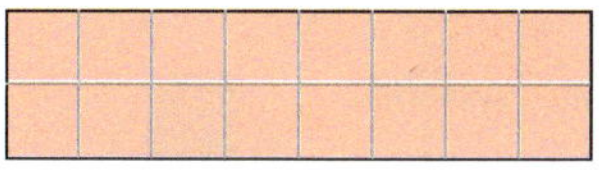

d) Schreibe mit dem Farbstift unter jede Figur, wie viele Kästchenlängen du nachgezeichnet hast! Diese Zahlen geben jeweils den **Umfang** der gezeichneten Figur an.

16 Kästchen

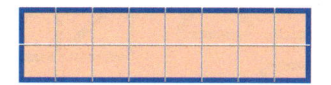

20 Kästchenlängen

2 Lege mit gleich langen Stäbchen Rechtecke, die einen Umfang
a) von 12 Stäbchen,
b) von 16 Stäbchen haben!
Gib stets mehrere Möglichkeiten an!

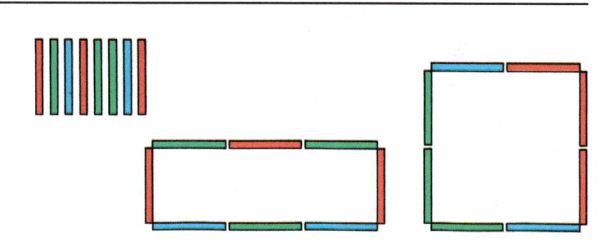

3 Gib Beispiele für Figuren an, die folgende Merkmale aufweisen:
a) gleich große Flächen, aber verschieden große Umfänge;
b) gleich große Umfänge, aber verschieden große Flächen;
c) gleich große Flächen und gleich große Umfänge!
Suche selbst nach weiteren Beispielen!

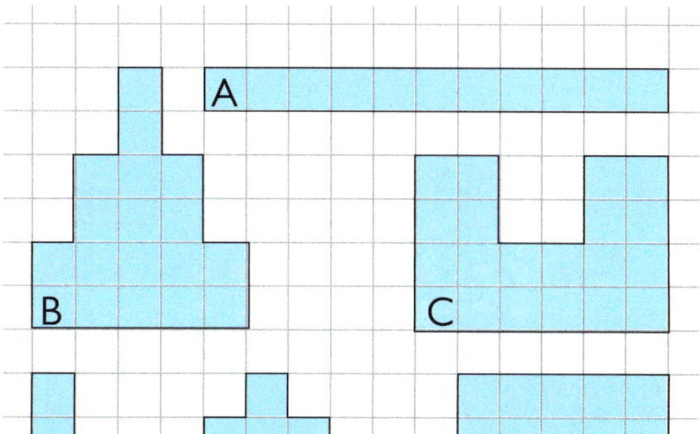

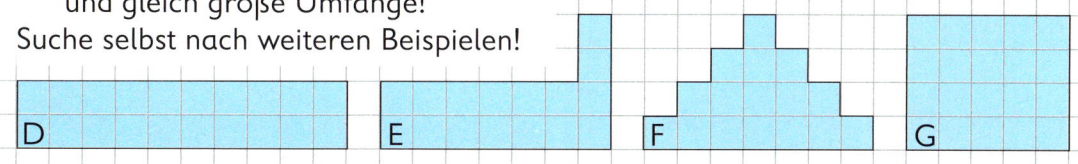

Achsensymmetrische Figuren

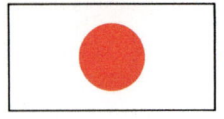

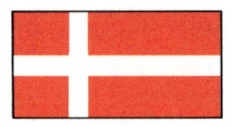

Deutschland *Japan* *Dänemark* *Schweiz* *China*

1 Auf dem Bild sind Fahnen zu sehen. Zeichne sie auf Karopapier nach und schneide sie aus! Überprüfe durch Falten, welche der Fahnen
a) nur eine,
b) mehr als eine,
c) keine Symmetrieachse haben!

2 Marcel hat mit Stäbchen Figuren gelegt. Welche Stäbchen könnte er jeweils wegnehmen oder umlegen, wenn er achsensymmetrische Figuren erhalten will? Probiere es aus!

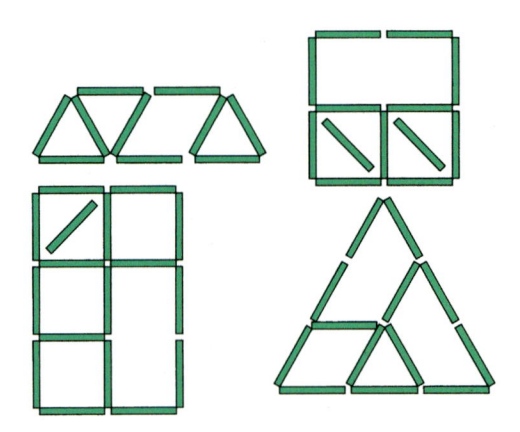

3 a) Lege jede Figur zuerst mit Dreiecken und Vierecken des Figurensatzes nach! Ergänze sie dann jeweils zu einer achsensymmetrischen Figur! Beachte, dass du oft auf beiden Seiten der Symmetrieachse Teile dazulegen musst!

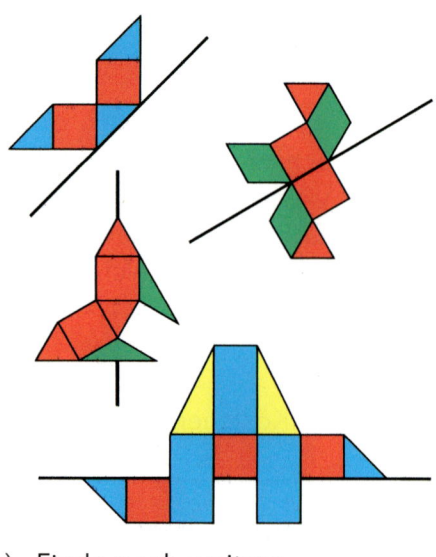

b) Finde noch weitere Symmetrieachsen!

4 Übertrage die Zeichnungen zuerst auf Karopapier! Dann ergänze sie zu achsensymmetrischen Figuren! Male die Muster aus!

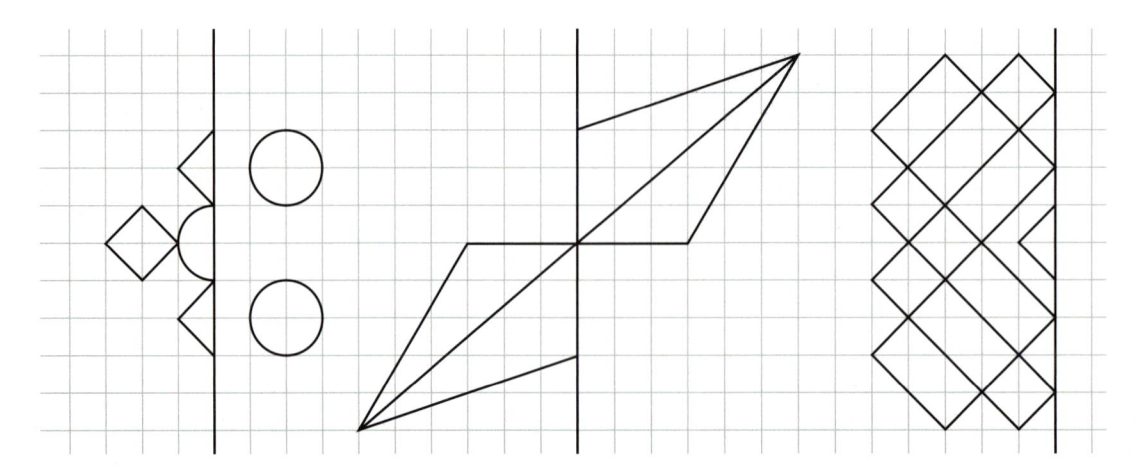

Achsensymmetrische Figuren

1 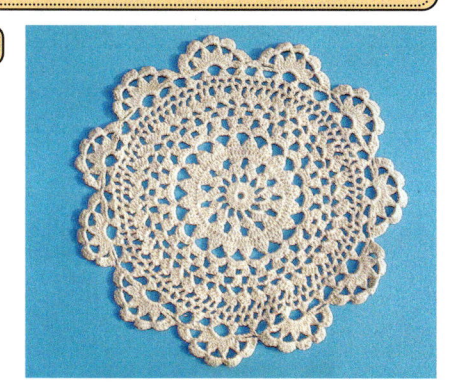
a) Falte ein quadratisches Stück farbiges Papier wie angegeben!

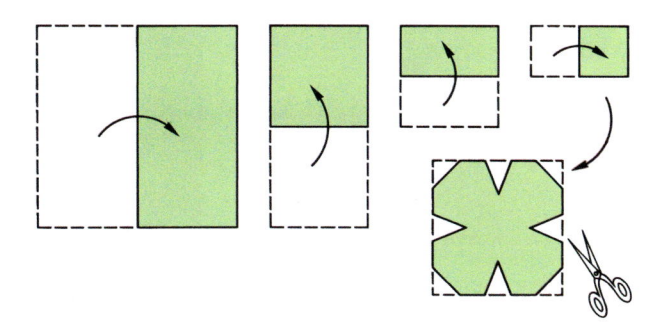

b) Stelle dann durch Abschneiden und Einschneiden diesen Faltschnitt her! Falte alles vorsichtig auseinander!

c) Wie viele Symmetrieachsen hat dein Faltschnitt?

d) Denke dir selbst neue Faltschnitte aus!

2 Finde die Symmetrieachsen der auf Seite 66 stehenden Muster aus Kreisen!

3 Stelle einen Spiegel ohne Rand so auf das gezeichnete Blütenmuster, dass folgende Blätter zu sehen sind:
a) sechs rote,
b) fünf rote,
c) vier rote,
d) vier gelbe,
e) fünf gelbe,
f) sechs gelbe!

4 Übertrage die Figuren auf Karopapier!
Zeichne mit einem Farbstift alle Symmetrieachsen ein!

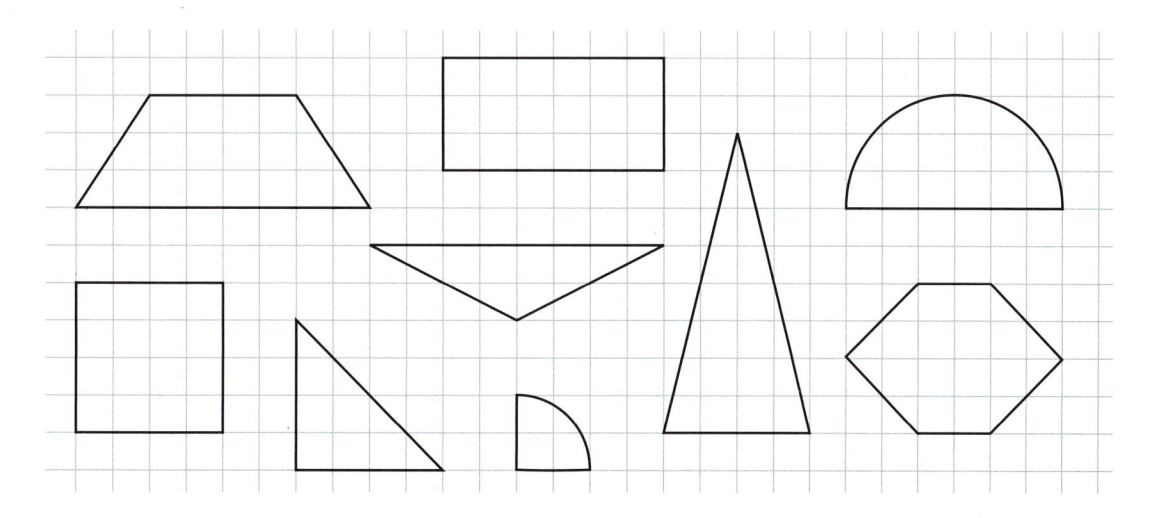

Drehsymmetrische Figuren

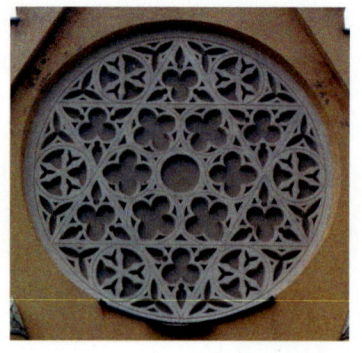

1 Wie viele Symmetrieachsen findest du in jeder der drei Abbildungen? Begründe deine Antwort!

2 a) Drei dieser fünf Zierkappen für Autoräder sind achsensymmetrisch. Beschreibe, wie die Symmetrieachsen verlaufen!

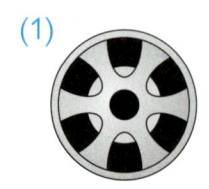

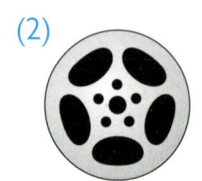

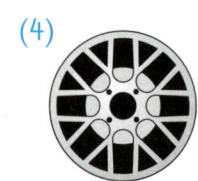

(1) (2) (3) (4) (5)

Diese Zierkappe ist nicht achsensymmetrisch. Sie kann aber durch eine Drehung mit sich selbst zur Deckung gebracht werden. Sie ist **drehsymmetrisch**.

b) Welche der Zierkappen (1) bis (5) sind drehsymmetrisch?

3 Von den vier Figuren A, B, C und D ist
– eine achsen- und drehsymmetrisch,
– eine nur achsensymmetrisch,
– eine nur drehsymmetrisch und
– eine weder achsen- noch drehsymmetrisch.
Ordne die Figuren zu und begründe deine Antworten!

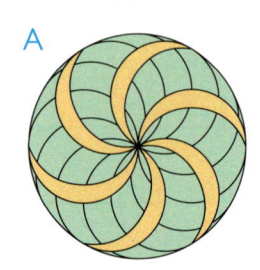

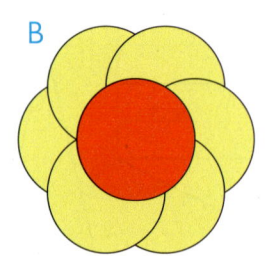

A B C D

4 Finde in deiner Umgebung weitere Beispiele für drehsymmetrische Figuren!

Verschieben, Drehen, Spiegeln

1 Bei einer Geburtstagsfeier spielen die Kinder ein Gedächtnisspiel. Alle sehen sich sieben Gegenstände an und prägen sich deren Lage auf dem Tisch ein. Dann geht ein Kind aus dem Zimmer und die anderen Kinder verändern inzwischen die Lage einiger oder aller Gegenstände. Wenn das Kind wieder hereinkommt, soll es herausfinden, welche Gegenstände verschoben, gedreht oder umgeklappt wurden.

Als Lucas hinausgeht, sah es auf dem Tisch so aus:

Als Lucas wieder hereinkommt, liegen die Gegenstände so:

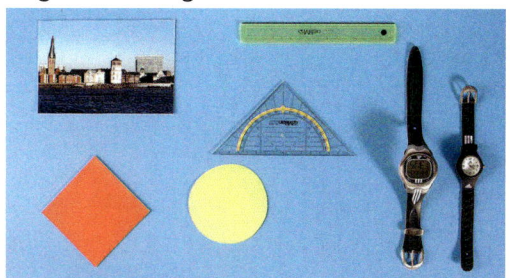

Du hast den Vorteil, dass du die beiden Situationen gleichzeitig sehen kannst. Beschreibe deshalb alle Lageänderungen möglichst genau!

2 Dieses Bandornament ist durch das Verschieben des Dreiecks entstanden.

Welche Eigenschaften haben die **Verschiebungspfeile**?
Die Punkte A, B, C heißen **Originalpunkte**, die Punkte A', B', C' heißen **Bildpunkte**.

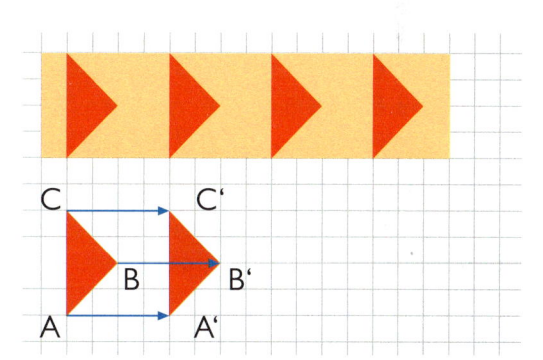

3 Dieses Muster ist durch eine Drehung entstanden. Nenne weitere Beispiele für Drehungen!

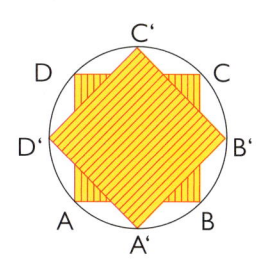

4 a) Der Minutenzeiger einer Uhr zeigt auf 12. Auf welche Zahl zeigt er nach einer Drehung um einen rechten Winkel?
b) Wie musst du den Minutenzeiger einer Uhr drehen, wenn du die Uhr von der Sommerzeit wieder auf die normale Zeit einstellen willst?

5 Beschreibe jeweils, wie du aus dem Dreieck 1 das Bilddreieck 2 erhalten kannst!

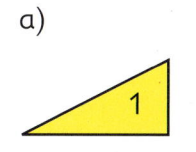

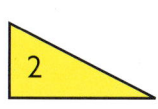

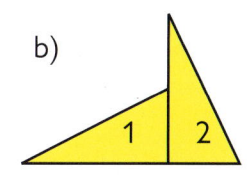

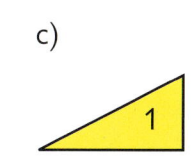

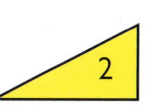

a)   b)   c)

Wiederholung und Kontrolle

1 Überschlage zuerst, dann multipliziere schriftlich!

360 · 7	1932 · 6	768 · 40	504 · 72
280 · 9	1656 · 7	512 · 60	864 · 42
315 · 8	3864 · 3	384 · 80	672 · 54
504 · 5	2898 · 4	1024 · 30	1134 · 32

11 592   36 288   2 520   30 720

2
(336 + 198) · 7   (188 + 256) · 70   (489 + 375) · 12
(585 + 235) · 4   (283 + 509) · 50   (165 + 459) · 21
(879 − 256) · 6   (817 − 299) · 60   (641 − 209) · 24
(931 − 275) · 5   (913 − 473) · 90   (819 − 455) · 36

10 368, 13 104, 31 080, 39 600, 3 280, 3 738

3

E · 7 → A	E · 4 → A	E · 9 → A	E · 3 → A
161	3 085	27 302	324 680
570	7 140	10 864	281 035
234	2 095	33 033	107 823
908	5 407	54 320	194 306

4
5,32 € · 36   3,78 m · 52   0,385 kg · 24
1,98 € · 56   7,28 m · 69   1,224 kg · 25
2,52 € · 44   2,16 m · 91   0,840 kg · 11
7,98 € · 24   8,97 m · 56   2,040 kg · 15

191,52 €, 502,32 m, 9,24 kg, 110,88 €, 196,56 m, 30,6 kg

5 Bestimme von 123 und 44
a) das Produkt,   b) das Produkt aus Summe und Differenz beider Zahlen!

6 Die Nieren reinigen das gesamte Blut eines Menschen etwa 300-mal am Tag von Abfallstoffen. Lisa-Marie hat 3,5 Liter Blut.

7 Im südlichen Afrika befinden sich die Victoria-Wasserfälle. Auf einer Breite von etwa 1 700 m donnert der Fluss Sambesi senkrecht in eine bis zu 110 m tiefe Schlucht.
Während der Regenzeit im April und Mai stürzen etwa 8 500 Kubikmeter Wasser pro Sekunde in den Abgrund. Wie viel Wasser ist das in einer Minute?

8 Pauls Vater hat im vorigen Jahr am Berlin-Marathon teilgenommen. Für die Strecke von 42,195 km benötigte er 3 Stunden und 31 Minuten. Wie viel Minuten sind das?

9 a) Wandle in Minuten um!   b) Wandle in Tage um!

300 s	4 h	72 h	7 Wochen	2 Jahre
3 000 s	$\frac{1}{2}$ h	120 h	11 Wochen	5 Jahre
480 s	9 h	240 h	15 Wochen	9 Jahre
900 s	15 h	12 h	20 Wochen	10 Jahre

10 a)

Abfahrt	Fahrzeit	Ankunft
9:25 Uhr	28 min	
10:31 Uhr	1 h 45 min	
11:16 Uhr		12:30 Uhr
	74 min	13:08 Uhr
11:55 Uhr		13:28 Uhr
	1 h 18 min	14:30 Uhr

b) Lea fährt mit ihrer Mutter um 9:27 Uhr von Cottbus ab. Der Zug soll planmäßig um 10:55 Uhr in Berlin ankommen. Er hat aber 15 Minuten Verspätung. Wie lange dauert Leas Zugfahrt?

11 a)

Datum	2 Wochen später	20 Tage später
2. 5.		
	10. Mai	
		1. Juni

b) Moritz hat am 14. April Geburtstag. Anne hat genau drei Wochen später Geburtstag.
Gib das Datum von Annes Geburtstag an!

12 a) Lege die Figur mit Quadraten des Figurensatzes nach!
b) Gib den Flächeninhalt der Figur in Einheitsquadraten an!
c) Wie viele Seitenlängen der Einheitsquadrate ergeben den Umfang der Figur?
d) Lege Quadrate der Figur so um, dass die Zahl für den Umfang gleich der Zahl für den Flächeninhalt ist! Welche Eigenschaften hat die Figur, die du erhalten hast?

13 a) Zeichne ein Quadrat und ein nicht quadratisches Rechteck auf ein Zeichenblatt!
b) Zeichne ein Parallelogramm dazu, das keinen rechten Winkel hat!
c) Welche dieser drei Vierecke sind achsensymmetrisch? Zeichne die Symmetrieachsen dieser Vierecke ein!
d) Welche dieser Vierecke sind drehsymmetrisch? Kontrolliere deine Aussagen, indem du die Vierecke ausschneidest und mit ihnen experimentierst!

14 Welche Buchstaben des Namens XENIA SCHOLZ sind drehsymmetrisch?

Multiplizieren und Dividieren

Schriftliches Dividieren mehrstelliger durch einstellige Zahlen

1 Verteile gerecht! Schätze zuerst, dann lege mit Rechengeld!
a) 639 € an 3 Personen   b) 488 € an 4 Personen   c) 650 € an 5 Personen

2

Der Vater, der Großvater und der Onkel von Katrin spielen zusammen Lotto.
In dieser Woche haben sie 945 € gewonnen und wollen ihren Gewinn gerecht teilen.
a) Lege den Gewinn mit Rechengeld nach! Wie viel Euro kannst du sofort an drei Personen verteilen?
b) Wechsle einen 10-Euro-Schein in zehn 1-Euro-Stücke! Verteile nun das übrige Geld gerecht!
c) Katrin dividiert schriftlich. Erkläre ihren Rechenweg!

H	Z	E				H	Z	E
9	4	5	:	3	=	3	1	5
9								
0	4							
	3							
	1	5						
	1	5						
		0						

9 H : 3 = 3 H, denn 3 · 3 H = 9 H. Es bleibt nichts übrig.

4 Z : 3 = 1 Z, denn 3 · 1 Z = 3 Z. Es bleibt 1 Z übrig.

15 E : 3 = 5 E, denn 3 · 5 E = 15 E. Es bleibt nichts übrig.

d) Rechne zur Kontrolle die Umkehraufgabe!   3 1 5 · 3

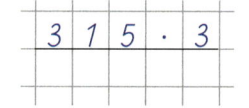

3

Dividiere schriftlich! Sprich dazu! Kontrolliere!

Wenn beim Dividieren ein Rest bleibt, dann musst du ihn in den nächst-kleineren Stellenwert umrechnen!

a) H Z E
   8 6 4 : 4 =

d) H Z E
   5 3 4 : 3 =

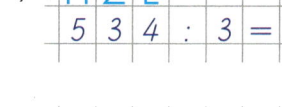

b) H Z E
   7 3 5 : 5 =

e) H Z E
   9 3 1 : 7 =

g) T H Z E
   1 1 7 6 : 4 =

c) H Z E
   7 3 8 : 6 =

f) H Z E
   9 9 2 : 8 =

h) T H Z E
   2 9 3 4 : 9 =

4 Der Mond hat einen Durchmesser von 3 476 km. Welchen Durchmesser hat der Halbmond?

Schriftliches Dividieren mehrstelliger durch einstellige Zahlen

1 Markus dividiert ohne Stellentafel:

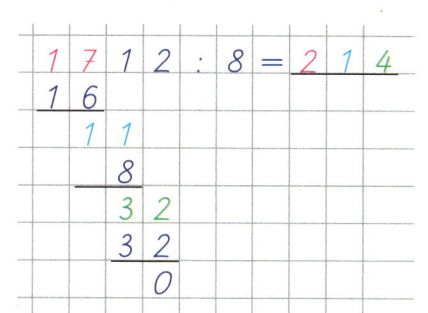

```
1 7 1 2 : 8 = 2 1 4
1 6
    1 1
      8
      3 2
      3 2
        0
```

Markus spricht so:

17 : 8 = 2, Rest 1

11 : 8 = 1, Rest 3

32 : 8 = 4, Rest 0

Rechne zur Kontrolle die Umkehraufgabe!

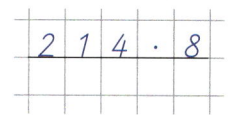

2 1 4 · 8

2 Dividiere ohne Stellentafel! Kontrolliere deine Ergebnisse!

a) 374 : 2   b) 864 : 3   c) 837 : 9   d) 1 574 : 2   e) 2 628 : 3   f) 2 715 : 5
   948 : 6   912 : 8   785 : 5   4 336 : 8   4 734 : 6   5 232 : 8
   875 : 5   676 : 4   519 : 3   2 933 : 7   2 889 : 9   2 268 : 4
   532 : 4   973 : 7   978 : 6   1 516 : 4   5 355 : 7   4 578 : 7

3 Anne, Uli und Nele überschlagen die Aufgabe 252 : 3.
Anne: 300 : 3 = 100   Uli: 240 : 3 = 80   Nele: 270 : 3 = 90
Was meinst du dazu?

4 Zwei Ergebnisse sind falsch. Finde sie durch Überschlagen!
Rechne die richtigen Ergebnisse aus!
Wie könnten die Fehler entstanden sein?

- Das Produkt von 6 und 291 ist 1 746.
- Der Quotient aus 4 970 und 7 ist 71.
- Der Quotient aus 1 648 und 4 ist 412.
- Die Summe von 17 821 und 31 693 ist 69 514.

5 Überschlage zuerst, dann rechne genau und vergleiche!
Kontrolliere mit der Umkehraufgabe!

a) 632 : 2 =   b) 679 : 7 =   c) 768 : 4 =   d) 1 470 : 5 =   e) 1 542 : 3 =
   564 : 6 =   633 : 3 =   896 : 8 =   2 312 : 2 =   1 785 : 5 =
   848 : 4 =   414 : 9 =   460 : 5 =   5 724 : 6 =   2 628 : 9 =

6 Beim Verkauf der Karten für den Schulfasching wurden 568 € eingenommen.
Eine Karte kostete 4 €. Wie viele Karten wurden verkauft?

Schriftliches Dividieren mehrstelliger durch einstellige Zahlen

1 Vorsicht, Nullen! Kontrolliere deine Ergebnisse!

a)	570 : 3	b)	816 : 4	c)	3027 : 3	d)	3021 : 3	e)	3720 : 4	f)	3264 : 8
	840 : 7		624 : 3		4012 : 2		8320 : 4		4535 : 5		6054 : 6
	2560 : 8		1236 : 6		7042 : 7		6108 : 2		9042 : 6		3450 : 5
	2370 : 6		2772 : 9		8036 : 4		5300 : 5		8728 : 8		4080 : 4

Ü: 600 : 3 = 200   Ü: 800 : 4 = 200   Ü: 3000 : 3 = 1000

```
570 : 3 = 190        816 : 4 = 204        3027 : 3 = 1009
3                    8                    3
27                   01                   00
27                   0                    0
 00                  16                   02
  0                  16                   0
  0                   0                   27
                                          27
                                           0
```

Kontrolle: Kontrolle: Kontrolle:
190 · 3   204 · 4   1009 · 3
 570

2
a) 614 : 2 = □
b) 3642 : 6 = □
c) 4 · □ = 4032
d) 3 · □ = 6240

3
a)
a	b	a : b
2448	8	
1881	9	
8320	4	

b) 2 · x = 818
5 · y = 1515
z · 6 = 6480
w · 4 = 8024

c)
·	40	607		
3			510	3027
		280		
5				

4 Ein Autowerk hat in der vorigen Woche 1632 Autos ausgeliefert. Auf einem Autotransporter haben 6 solche Autos Platz, auf einem Eisenbahnwagen dagegen 8 Autos. Bilde Aufgaben und löse sie!

5 Gleiche Zeichen bedeuten gleiche Zahlen.

▲ + 326 = 9536   7 · ■ = 21490   ▲ : 3 = ■

Schriftliches Dividieren mit Rest

1 a) Emmas Eltern arbeiten in einer großen Gärtnerei. Ihr Vater hat am Freitag 250 Rosen geschnitten und bindet immer 5 Rosen zu einem Strauß. Wie viele Sträuße werden es?
b) Wie viele Sträuße werden es, wenn immer 7 Rosen zu einem Strauß gebunden werden? Beschreibe Emmas Rechenweg und sprich über das Ergebnis!

Emma rechnet so:
Ü: 280 : 7 = 40   V: 35 ≈ 40   Kontrolle:

```
2 5 0 : 7 = 3 5 Rest 5
2 1                    3 5 · 7
  4 0                  2 4 5
  3 5                +     5
    5                  2 5 0
```

2 Überschlage zuerst, dann rechne genau! Kontrolliere!

	a)	b)	c)	d)	e)	f)
	280 : 3	243 : 5	191 : 9	144 : 7	813 : 8	351 : 6
	618 : 3	971 : 5	384 : 9	685 : 7	7 777 : 8	2 120 : 6
	872 : 3	524 : 5	813 : 9	2 072 : 7	16 039 : 8	17 437 : 6
	1 218 : 3	2 457 : 5	2 426 : 9	7 105 : 7	23 800 : 8	42 840 : 6

3 Im Kopf oder schriftlich?
Teile nacheinander alle Zahlen von 790 bis 810 durch 4!
Was stellst du fest?

4 Sage vor dem Lösen der Aufgaben, ob ein Rest bleibt!
792 : 2 = x   512 : 5 = y   3 649 : 10 = z   22 009 : 2 = r   53 210 : 10 = s

5 Wievielmal so schwer wie ihr Junges ist jede Tiermutter ungefähr?

Tier	Gewicht der Mutter	Geburtsgewicht eines Jungtieres
Amsel	95 g	4 g
Katze	2 500 g	100 g
Ziege	50 kg	3 kg
Schaf	65 kg	4 kg
Elefant	2 800 kg	100 kg
Blauwal	125 t	2 t

6 Gärtner Krüger hat 514 Köpfe Blumenkohl geerntet. Immer 8 Köpfe packt er in eine Kiste. Für eine Kiste Blumenkohl bekommt der Gärtner vom Händler 6,25 €.

Dividieren von Größenangaben in Kommaschreibweise

1 a) Lisa möchte Schokoeis aus dem Sonderangebot kaufen. Sie überschlägt zuerst den Preis für einen Eisriegel:
3 € : 3 = 1 €.
Dann rechnet sie in drei Schritten. Erkläre ihren Rechenweg!

Sonderangebote

Schokoeis mit Nuss	3 Riegel	2,67 €
Vollmilchschokolade	5 Tafeln	2,55 €
Fruchtsaft	6 Flaschen	4,44 €
Cola 1,5 Liter	10 Flaschen	8,90 €
Jogurt	5 Becher	1,60 €
Frische Brötchen	8 Stück	1,52 €
Frische Eier	6 Stück	0,72 €
Grüne Gurken	2 Stück	1,10 €

1. Schritt
2,67 € = 267 ₡

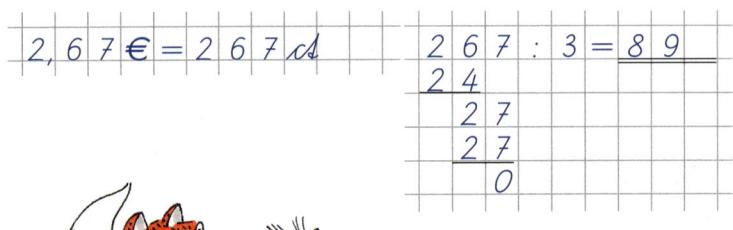

2. Schritt
267 : 3 = 89
24
27
27
0

3. Schritt
89 ₡ = 0,89 €

b) Kontrolliere Lisas Rechnung mit der Umkehraufgabe!
c) Berechne weitere Stückpreise!

2 *Wandle zuerst in die kleinere Einheit um!*

a) 27,24 € : 3
216,40 € : 8
1 050,35 € : 7
8 960,96 € : 4

b) 2,25 m : 5
71,2 cm : 4
38,4 km : 3
244,80 m : 6

c) 3,840 kg : 4
7,2 t : 6
0,725 kg : 5
24,300 t : 3

3 Familie Schröder

Rechnung
3 Schnitzel 25,50 €
3 Soljanka 9,30 €
3 Säfte 6,45 €
....
ZUR LINDE

a) Berechne die Gesamtsumme jeder Rechnung!
b) Berechne die Einzelpreise der Speisen und Getränke!

Familie Hinz

Ratskeller
RECHNUNG
2 Forellen 23,70 €
2 Rouladen 17,20 €
3 Pilzsuppen 10,50 €
2 Bier 5,50 €
2 Cola 4,30 €
....

4 Der LKW der Firma Stein hat 8 gleiche Stahlträger mit einem Gesamtgewicht von 4,6 t für den Bau einer neuen Turnhalle der Sandhagener Schule gebracht. Wird zum Entladen ein Kran gebraucht?

Aufgaben mit verschiedenen Rechenarten

1
a) 352 →:8→ ☐ →+99→ ☐
738 →−210→ ☐ →·4→ ☐
387 →:3→ ☐ →−41→ ☐

b) 1 364 →+711→ ☐ →:5→ ☐
9 582 →:6→ ☐ →−486→ ☐
4 076 →−3 854→ ☐ →·7→ ☐

c) ☐ →−89→ ☐ →·5→ 555
☐ →:2→ ☐ →+28→ 222
☐ →+176→ ☐ →:7→ 44

2 Rechne und vergleiche!

a) 459 + 846 : 9 = x
(459 + 846) : 9 = y
459 + (846 : 9) = z

b) 264 : 8 − 5 = r
264 : (8 − 5) = s
(264 : 8) − 5 = t

c) 88 : 4 + 36 : 4
(88 + 36) : 4

d) 594 : 6 + 342 : 6
(594 + 342) : 6

e) 1 206 : 3 − 402 : 3
(1 206 − 402) : 3

Denke an die Regeln!

3 Die Grundschule am Goetheplatz will die Einnahmen aus dem Kuchenbasar, aus dem Schulfasching und aus den Auftritten des Schulchors zu gleichen Teilen an vier Hilfsorganisationen spenden.

	Einnahmen
Chorauftritte	1 250 €
Schulfasching	482 €
Kuchenbasar	304 €

4 Welche Zahlen kannst du einsetzen?

a) ☐ · 244 + 22 < 1 000
500 > 2 958 : 6 + ☐

b) 129 − 369 : 3 > ☐
29 · ☐ < 704 − 569

c) 244 : 4 − 60 > x
2 · y + 3 · 321 < 970

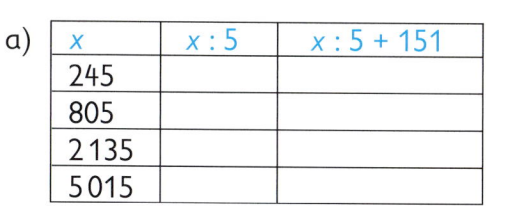

5
a)
x	x : 5	x : 5 + 151
245		
805		
2 135		
5 015		

b)
y	7 · y	7 · y + 100
162		
	581	
237		
		947

6 Würfle abwechselnd mit einem anderen Kind! Jeder würfelt so lange, bis er eine Eins erhält. Alle gewürfelten Augenzahlen dürfen addiert, subtrahiert oder multipliziert werden. Sieger ist derjenige, dessen Ergebnis näher an 222 liegt. Für einen Sieg gibt es einen Punkt. Wer erreicht zuerst zehn Punkte?

Berechnen des Durchschnitts

1 Addiere die drei Zahlen! Dann dividiere ihre Summe durch 3!
Was fällt dir auf?

a) 237	b) 727	c) 440	d) 1 001	e) 2 056	f) 1 111
238	730	540	1 004	4 056	3 333
239	733	640	1 007	6 056	5 555

> Den **Durchschnitt von Zahlen** erhältst du, indem du die Summe dieser Zahlen durch die Anzahl der Summanden dividierst.

2 Frau Müller von der Jugendherberge Steinrode berichtet, dass die Herberge im Mai im Durchschnitt 400 Übernachtungen pro Woche hatte.
Erkläre!

Woche	Übernachtungen
1. 5. – 7. 5.	377
8. 5. – 14. 5.	395
15. 5. – 21. 5.	408
22. 5. – 28. 5.	420

3 Alexander will in den Ferien eine viertägige Radtour von Neubrandenburg nach Userin unternehmen. Übernachtungen plant er bei Verwandten in Stavenhagen, Waren und Mirow.
a) Veranschauliche die Weglängen an den vier Tagen in einem Streifendiagramm!
b) Wie lang ist die Radtour insgesamt?
c) Wie viel Kilometer wird Alexander im Durchschnitt an einem Tag fahren?

4 Inas Vater ist Vogelkundler. Er hat im Frühjahr einige Vögel beim Brüten beobachtet.
a) Berechne für jede Vogelart das durchschnittliche Gewicht von einem Ei!
b) Vergleiche!

Vogelart	Gelegegröße	Gesamtgewicht des Geleges
Blaumeise	12 Eier	24 g
Uhu	3 Eier	225 g
Seeadler	2 Eier	284 g
Weißstorch	4 Eier	436 g
Graugans	10 Eier	1 570 g
Schwan	6 Eier	2 070 g

5 Berechne den Durchschnitt!

Abkühlung im Wasser
Bei hochsommerlichen Temperaturen suchten von Freitag bis Sonntag 5 370 Badegäste im Stadtbad eine Erfrischung.

Produktion erhöht
In den ersten vier Monaten dieses Jahres wurden in Tangerhausen 12 100 Kinderfahrräder hergestellt.

Großes Interesse
Die umfangreiche Sonderausstellung „Saurier der Urzeit" sahen an den ersten 7 Tagen bereits 5 075 Besucher.

Schriftliches Dividieren durch Zehnerzahlen

1 Rechne schrittweise im Kopf!

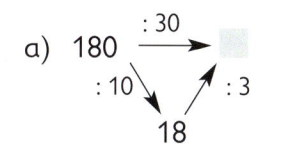

a) 180 :30 → ■
   :10 ↘ ↗ :3
      18

b) 720 :90 → ■
   :10 ↘ ↗ :9

c) 4 500 :50 → ■
   :10 ↘ ↗ :5

d) 8 800 :40 → ■
   :10 ↘ ↗ :4

2

Johannas Mutter arbeitet in einer Konservenfabrik. Gestern wurden immer 20 Gläser Gewürzgurken in einen Karton verpackt. Insgesamt waren es 3 900 Gläser. Wie viele Kartons sind gefüllt worden?
a) Überschlage!
b) Johanna dividiert schriftlich. Erkläre ihren Rechenweg!

```
T H Z E           T H Z E
3 9 0 0 : 2 0 =   1 9 5
2 0
1 9 0
1 8 0
    1 0 0
    1 0 0
        0
```

39 : 20 = 1   Es bleiben 19 übrig.

190 : 20 = 9   Es bleiben 10 übrig.

100 : 20 = 5   Es bleibt nichts übrig.

1 9 5 · 2 0

c) Rechne zur Kontrolle die Umkehraufgabe!

3
a) 5 820 : 20   b) 2 910 : 30   c) 8 720 : 80   d) 90 400 : 40   e) 20 340 : 20
   6 660 : 60   8 610 : 70   7 050 : 50   46 800 : 90   31 710 : 70
   9 630 : 30   6 080 : 40   9 060 : 60   87 600 : 30   85 050 : 50

4 Die Summe der Ergebnisse der untereinander stehenden Aufgaben ist stets 777. Überprüfe!

a) 8 880 : 40   b) 13 320 : 30   c) 9 990 : 90   d) 16 200 : 60   e) 26 040 : 70
   11 100 : 20   23 310 : 70   53 280 : 80   25 350 : 50   36 450 : 90

5 Drei Ergebnisse stimmen nicht!
a) 4 600 : 20 = 23   c) 7 490 : 70 = 17   e) 17 760 : 40 = 444
b) 10 150 : 50 = 203   d) 11 610 : 90 = 129   f) 57 780 : 60 = 96

6

Gärtner Kirschke hat die Erträge der Obsternte des vergangenen Jahres aufgeschrieben. Berechne jeweils den durchschnittlichen Ertrag eines Baumes!

	Kirschen	Birnen	Äpfel
Gesamtertrag	1 550 kg	1 560 kg	2 120 kg
Anzahl der Bäume	50	20	40

Sachaufgaben

1

Roberts Mutter hat den täglichen Wasserverbrauch je Familienmitglied geschätzt:

Baden, Waschen und Zähneputzen	50 Liter
Wäschewaschen	30 Liter
Toilettenspülung	25 Liter
Wohnungsreinigung	10 Liter
Geschirrspülen	8 Liter
Trinken und Kochen	7 Liter

a) Wie viel Wasser verbraucht eine Person insgesamt an einem Tag?
b) Wie viel Liter Wasser verbraucht Roberts vierköpfige Familie an einem Tag?
c) Beobachte und erfrage eine Woche lang, wie viel Wasser in deiner Familie verbraucht wird! Schätze die Mengen!
d) Bilde weitere Aufgaben und löse sie!

2 Herr Müller stellt fest, dass seine dreiköpfige Familie in einer Woche 2 835 Liter Wasser verbraucht hat.
a) Wie viel Liter Wasser hat eine Person durchschnittlich in einer Woche verbraucht?
b) Wie viel Liter Wasser hat eine Person durchschnittlich an einem Tag verbraucht?
c) Wie hoch könnte der Wasserverbrauch der Familie Müller insgesamt in einem Jahr sein?

3 Wasser kostet Geld. Ulis Familie hatte im letzten Jahr 170 000 Liter Wasser verbraucht. Für den Verbrauch von 1 000 Liter Wasser waren an die Wasserwerke 4,80 € zu zahlen. Wie hoch war die Wasserrechnung?

4 Ulrike beobachtet, dass in der Küche aus einem defekten Wasserhahn in einer Stunde 200 Milliliter Wasser tropfen. Wie viel Liter Wasser gehen auf diese Weise an einem Tag ungenutzt verloren?

5 Frau Hinz hat eine neue Waschmaschine gekauft. Diese wurde am Wochenende viermal benutzt und hat dabei 180 Liter Wasser verbraucht. Die alte Maschine verbrauchte durchschnittlich 90 Liter Wasser je Wäsche.

Vergrößern und Verkleinern

Die Ameise wurde **vergrößert** abgebildet, damit du Einzelheiten erkennen kannst.

Der Hirsch kann hier nicht in seiner wahren Größe abgebildet werden. Er ist **verkleinert** dargestellt.

1 Lege die Figuren zuerst mit Stäbchen nach!
Lege dann noch einmal so, dass jede Seite nur noch halb so lang wird!

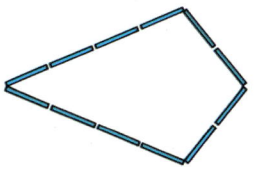

2 Übertrage die Figur zuerst in dein Heft!
Dann zeichne sie noch einmal so, dass jede Seite doppelt so lang wird!

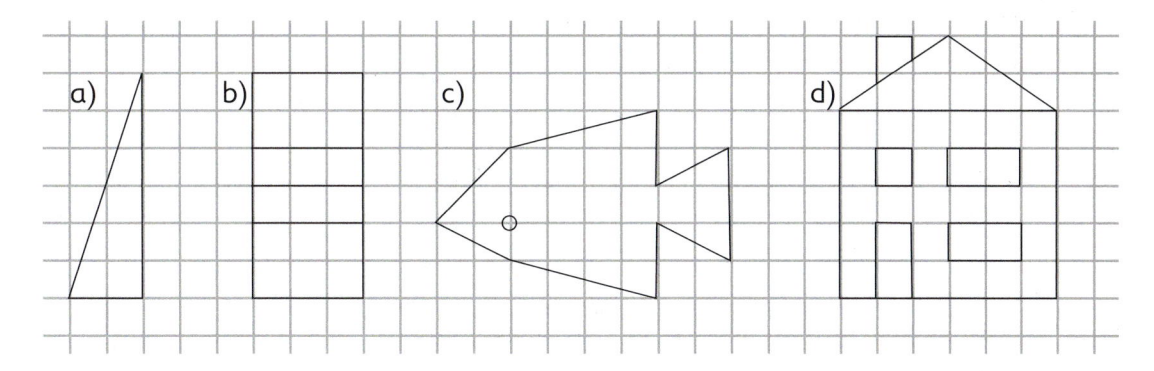

a)   b)   c)   d)

3 a) Zeichne die Muster so in dein Heft, dass jede Seite halb so lang wird!
b) Zeichne die Muster so in dein Heft, dass jede Seite dreimal so lang wird!

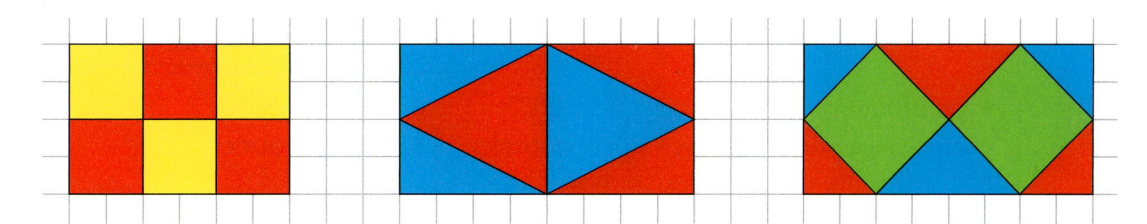

Maßstäbe

Buntspecht Waldohreule Elster Sturmmöwe Amsel

Diese Vögel sind im **Maßstab 1 : 10** (eins zu zehn) dargestellt.

Maßstab 1 : 10 bedeutet:
1 cm im Bild sind
10 cm in der Wirklichkeit.

1 Miss die Größe jedes Vogels in der Abbildung, dann berechne seine wirkliche Größe!

a) Waldohreule b) Sturmmöwe c) Buntspecht d) Elster e) Amsel

2 Ein Rechteck ist 50 cm lang und 30 cm breit.
Zeichne es im Maßstab 1 : 10!

3 In welchem Maßstab ist der Gegenstand abgebildet?
Seine wirkliche Länge ist angegeben.

a) 16 cm   b) 3,5 cm   c) 12 cm

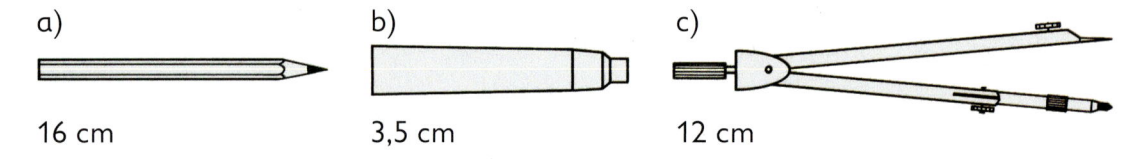

4 Axels Vater hat ein Bild des Wohnzimmers, wie man es von oben sieht, im Maßstab 1 : 100 gezeichnet.
 a) Was bedeutet 1 cm auf der Zeichnung in der Wirklichkeit?
 b) Wie lang und wie breit ist das Zimmer in Wirklichkeit?
 c) Welche Länge und Breite haben die Möbel in Wirklichkeit?
 d) Wie breit sind Tür und Fenster?

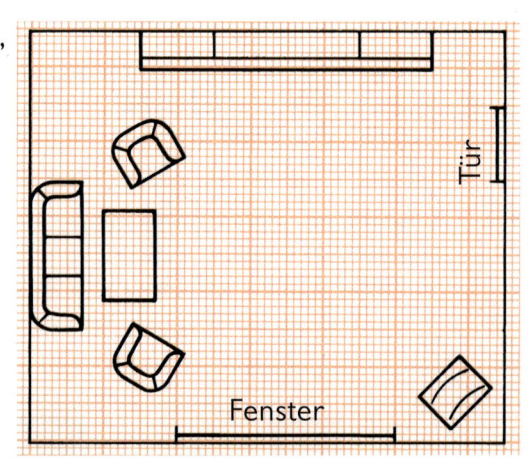

5 a) Was bedeutet der Maßstab 1 : 1 000?
 b) Ermittle die Maße des Schulgrundstücks, des Schulgebäudes, der Turnhalle und des Pausenhofs!
 c) Zeichne alles im Maßstab 1 : 1 000!

Maßstäbe

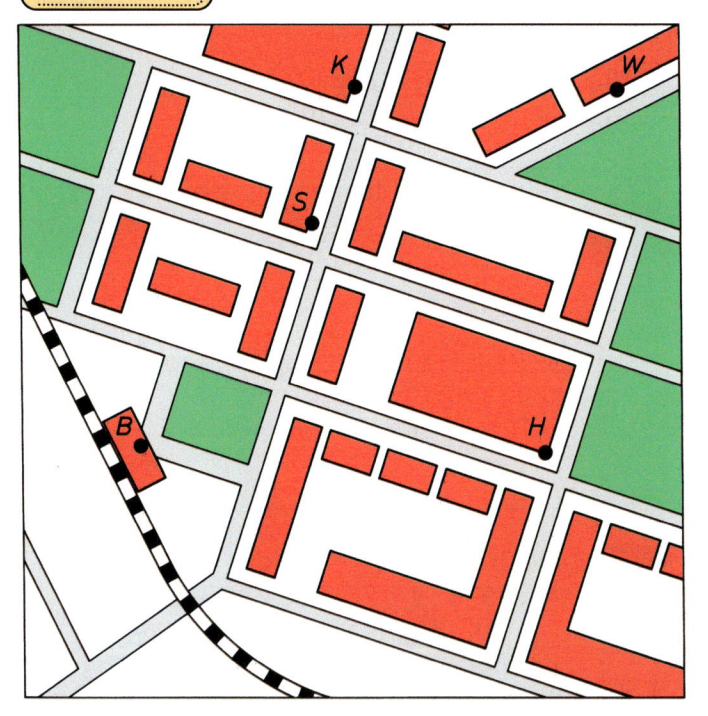

1. Der Stadtplanausschnitt ist im Maßstab 1 : 10 000 gezeichnet. Wie viel Meter lang ist eine Strecke in Wirklichkeit, wenn sie im Plan 1 cm lang ist?

2. Wie lang sind Marias Wege etwa
   a) von der Schule S zur Schwimmhalle H,
   b) von der Wohnung W zur Schule S,
   c) vom Bahnhof B zur Wohnung W,
   d) von der Wohnung W zum Kaufhaus K?

3. Wie lang ist eine Strecke von 1 cm auf dieser Karte in Wirklichkeit?

4. Wie lang und wie breit ist der Selliner See ungefähr?

5. Schätze, wie lang der Weg von Sellin nach Göhren ist, wenn du am Strand entlanggehst!

6. Miss auf der Karte die Länge des Strandweges von Sellin nach Göhren und berechne die wirkliche Entfernung!

7. Denke dir weitere Aufgaben aus und löse sie!

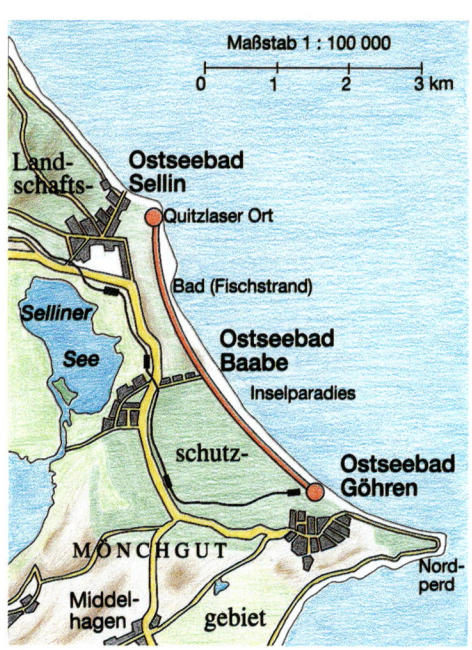

Rechnen und Knobeln

1 Merkwürdige Quotienten. Was stellst du fest?
  a) 1998 : 3   b) 13 332 : 4   c) 15 554 : 2   d) 222 220 : 4
   1998 : 6   13 332 : 3   15 554 : 7   222 220 : 5

2 Rechne so lange, bis du eine einstellige Zahl erhältst!

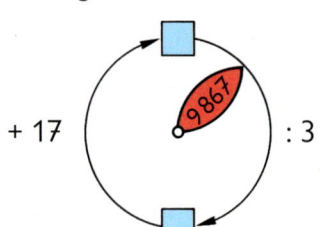

(9867, + 17, : 3)

3 Ergänze die fehlenden Zahlen!

a)
54	6	111
27	2	3

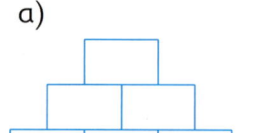

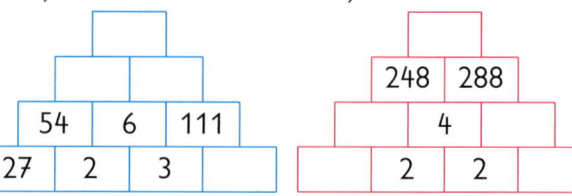

b)
248	288	
	4	
2	2	

4 Zeichne das Quadrat in dein Heft! Löse die Aufgaben und trage die Ergebnisse ein!

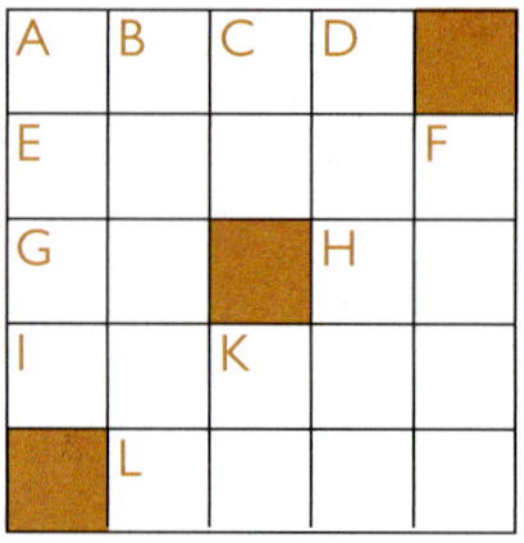

Feld mit Spalten A B C D (und F rechts), Zeilen E, G H, I K, L

Nach rechts:
A 8978 : 2
E 125 · 125
G Teiler von 21
H 1012 − 994
I   42 454 + 8 171
L 40 · 201

Nach unten:
A 12 375 : 3
B 252 · 179
C 7 479 − 7 393
D 23 031 · 4
F 3 953 + 1 897
K Vielfaches von 10

5

Maria: Ist 213 durch 3 teilbar?

Paul: Jede Zahl, die auf 3, 6 oder 9 endet, ist durch 3 teilbar.

Sophie: 213 ist durch 3 teilbar, weil ihre Quersumme 2+1+3=6 durch 3 teilbar ist.

Prüfe die Aussagen von Paul und Sophie mit der Zahl 51!

6 a) Kannst du die geheime Nachricht lesen?

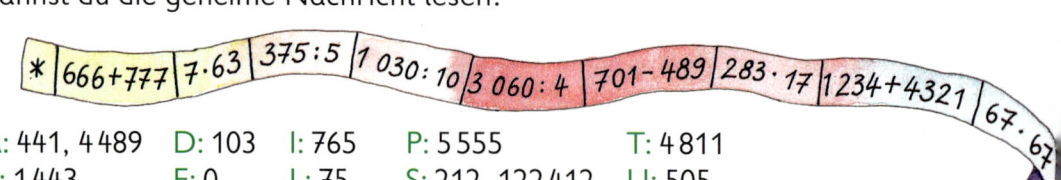

| * | 666+777 | 7·63 | 375:5 | 1 030:10 | 3 060:4 | 701−489 | 283·17 | 1234+4321 | 67·67 | 303·404 | 4545:9 | 0:100 | * |

A: 441, 4489   D: 103   I: 765   P: 5555   T: 4811
B: 1443   E: 0   L: 75   S: 212, 122412   U: 505

b) Schreibe deinem Banknachbarn eine geheime Nachricht!

7 Wie heißen die Zahlen?
  a) Das Produkt aus Roberts Zahl und ihrem Nachfolger ist 132.
  b) Die Summe aus dem Siebenfachen von Utas Zahl und 36 ist 99.
  c) Die Differenz aus 763 und dem Doppelten von Evas Zahl ist 307.
  d) Der Quotient aus 616 und Stefans Zahl ist 77.

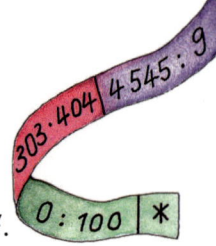

Rechnen und Knobeln

1 a) Rechne aus und schreibe die Gleichungen in dein Heft!   b) Was fällt dir an den Gleichungen auf?

$1 \cdot 5 + 1 \cdot 5 + 1 \cdot 5$ $(2 \cdot 5) \cdot 2 + 5$
$(1 + 2) \cdot (1 + 2) + 1 + 2$ $(3 + 6 - 3) \cdot 6$
$(1 + 4 + 1 + 4) \cdot 1 + 4$ $4 \cdot 8 + 4 + 8 - 4 + 8$
$1 + 8 + 1 + 8$ $(6 + 4) \cdot 6 + 4$
$2 \cdot 4 + 2 \cdot 4 + 2 \cdot 4$ $(8 + 1) \cdot (8 + 1)$

2

$9 = (7 + 7) : 7 + 7$ Stelle auf ähnliche Weise auch andere
$8 = (7 + 7 \cdot 7) : 7$ Zahlen durch vier Sieben dar!
$7 = (7 - 7) \cdot 7 + 7$

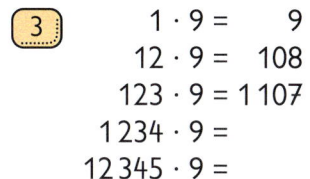

3

$1 \cdot 9 = 9$
$12 \cdot 9 = 108$
$123 \cdot 9 = 1\,107$
$1\,234 \cdot 9 =$
$12\,345 \cdot 9 =$

a) Setze die Aufgabenfolge fort! Lies zuerst jede Aufgabe vor und vermute, welches Ergebnis entstehen könnte!

b) Rechne die Produkte aus!

4

		1		
	3		5	
7		9		11
13	15	17	19	
21	23			

1. Schicht: 1 $1 = 1 \cdot 1 \cdot 1$
2. Schicht: $3 + 5 = 8$ $8 = 2 \cdot 2 \cdot 2$
3. Schicht: $7 + 9 + 11 = 27$ $27 = 3 \cdot 3 \cdot 3$
4. Schicht: $13 + 15 + 17 + 19 = 64$ …
5. Schicht: …   …

a) Setze fort! Überprüfe, ob sich auch für die weiteren Schichten gleiche Beziehungen ergeben wie für die ersten drei!

b) Finde weitere Besonderheiten in dieser Anordnung der Zahlen!

5

Gib alle Strecken mit gleichen Summen an! Welche Summen kommen jeweils sechsmal vor?

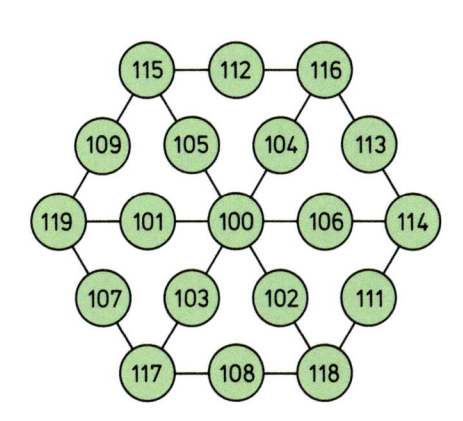

6

Lege immer ein Stäbchen so um, dass eine richtig gelöste Aufgabe entsteht!

a) $X + III = VIII$
b) $IV + II = VIII$
c) $XX + VI = XXXI$
d) $XVI + IX - XI = XII$

Zusammenfassung

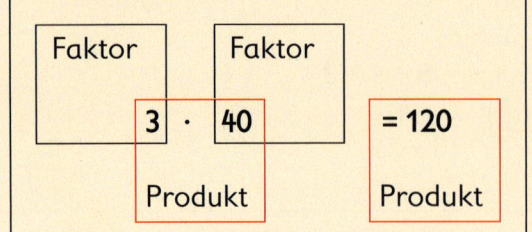

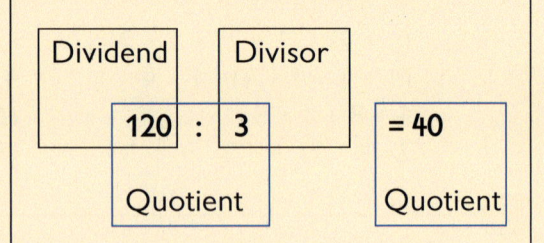

Multiplikation	Division
Faktor · Faktor = Produkt 3 · 40 = 120	Dividend : Divisor = Quotient 120 : 3 = 40
Alle Aufgaben der Multiplikation sind lösbar. 6 · 70 = 420 10 · 23 = 230	Divisionsaufgaben sind nur dann lösbar, wenn der Dividend ein Vielfaches des Divisors ist. 360 : 6 = 60 360 : 7 nicht lösbar
Multipliziert man eine Zahl mit 1, so erhält man wieder diese Zahl. 1 · 976 = 976 1 · 0 = 0	Dividiert man eine Zahl durch 1, so erhält man wieder diese Zahl. 843 : 1 = 843 0 : 1 = 0
Multipliziert man eine Zahl mit Null, so erhält man stets Null. 0 · 123 = 0 0 · 0 = 0	Durch Null darf man nicht dividieren. Dividiert man Null durch eine von Null verschiedene Zahl, so erhält man Null. ~~147 : 0~~ ~~0 : 0~~ 0 : 9 = 0 0 : 100 = 0
Die Faktoren kann man vertauschen. Das Produkt bleibt gleich. 3 · 60 = 60 · 3 180 = 180	Die Division ist die Umkehrung der Multiplikation. · 5 · 12 12 ⇄ 60 5 ⇄ 60 : 5 : 12
Faktoren kann man beliebig zusammenfassen. Das Produkt bleibt gleich. 2 · 6 · 8 (2 · 6) · 8 = 2 · (6 · 8) 12 · 8 = 2 · 48 96 = 96	Beim Dividieren bleibt manchmal ein Rest. 63 : 4 = 15 Rest 3 63 : 4 = 15 Rest 3 63 = 4 · 15 + 3

Multiplikation	Division
Eine Summe kann man mit einer Zahl multiplizieren, indem man jeden Summanden mit dieser Zahl multipliziert und dann die Produkte addiert.	Eine Summe kann man durch eine Zahl dividieren, indem man jeden Summanden durch diese Zahl dividiert und dann die Quotienten addiert.

3 · (20 + 4) = 3 · 20 + 3 · 4
3 ·   24   = 60 + 12
         72 = 72
	(200 + 16) : 4 = 200 : 4 + 16 : 4
	     216 : 4 = 50 + 4
	           54 = 54

Beachte beim Lösen von Aufgaben mit mehreren Rechenoperationen:
– Berechne zuerst, was in Klammern steht!
– Multipliziere und dividiere, bevor du addierst und subtrahierst!

   8 · (20 − 7)   25 + 5 · 8   3 · 10 + 60 : 4
= 8 · 13   = 25 + 40   = 30 + 15
= 104   = 65   = 45

Beachte beim Multiplizieren und Dividieren:
– Führe zuerst einen Überschlag durch, dann rechne genau!
– Vergiss die Nullen im Ergebnis nicht!
– Kontrolliere das Ergebnis durch Vergleich mit dem Überschlag, durch Nachrechnen oder mit der Umkehraufgabe!

192 · 5   Ü: 200 · 5 = 1000
960   V: 960 ≈ 1000

576 : 6 = 96   Ü: 600 : 6 = 100
54   V: 96 ≈ 100
 36
 36
  0   Umkehraufgabe:
                  96 · 6
                  576

Geometrie — Körper und Flächen

1 a) Sieh dir jeden abgebildeten Gegenstand genau an und beschreibe dann seine Form!
b) Fertige eine solche Tabelle an:

Kugel	Würfel	Quader	Pyramide	Zylinder	Kegel

Trage in die entsprechende Spalte der Tabelle den Namen des Gegenstands ein, der diese Körperform hat!

2 a) Erkläre, warum für die Herstellung mancher Gegenstände bestimmte Formen bevorzugt werden!
b) Du sollst mehrere gleichartige Gegenstände in ein Gefäß verpacken.

   20 Bücher   *4 Tischtennisbälle*   *100 Radiergummis*

Welche Form würdest du als Verpackung wählen? Begründe jeweils deine Entscheidung!

3 An welchen Gegenständen der Abbildung oben erkennst du folgende Flächen:
a) Kreise,   b) Dreiecke,   c) Quadrate,
d) Rechtecke,   e) Parallelogramme,   f) Trapeze?

Würfel, Quader, Pyramide, Kugel, Zylinder, Kegel

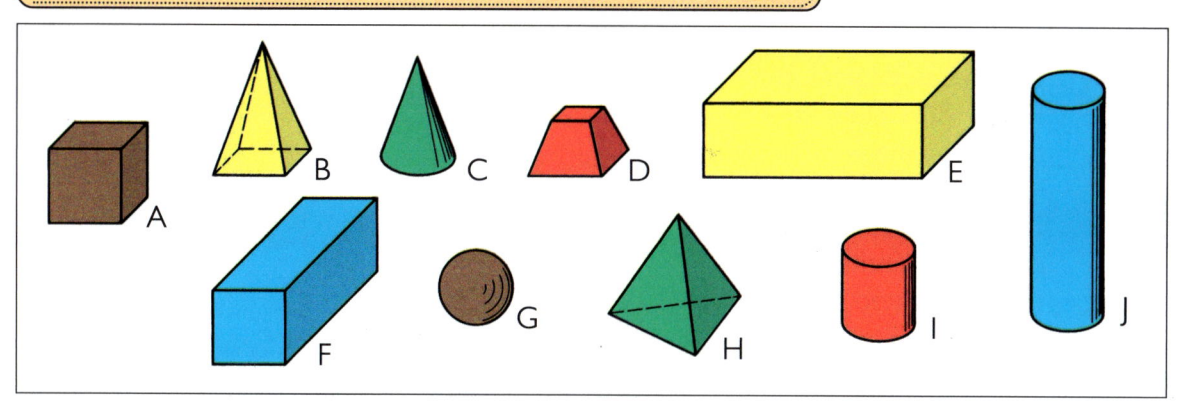

1 a) Betrachte die Bilder der Körper A bis J genau!
Beschreibe die Körper und benenne diejenigen, die du kennst!
b) Zähle die Ecken, die Flächen und die Kanten der Körper!

2 Schreibe auf, welche der Körper A bis J jeweils die genannte Eigenschaft haben!
a) Der Körper hat 8 Ecken, 6 Flächen und 12 Kanten.
b) Die Anzahl der Ecken ist gleich der Anzahl der Flächen.
c) Alle Begrenzungsflächen sind Rechtecke.
d) Der Körper hat weniger als 8 Ecken.
e) Wenigstens eine Begrenzungsfläche ist ein Quadrat.
f) Der Körper hat eine gekrümmte Begrenzungsfläche.

3 Ordne jedem Netz einen der Körper A bis J zu!
Beachte, dass die Netze hier verkleinert dargestellt sind!

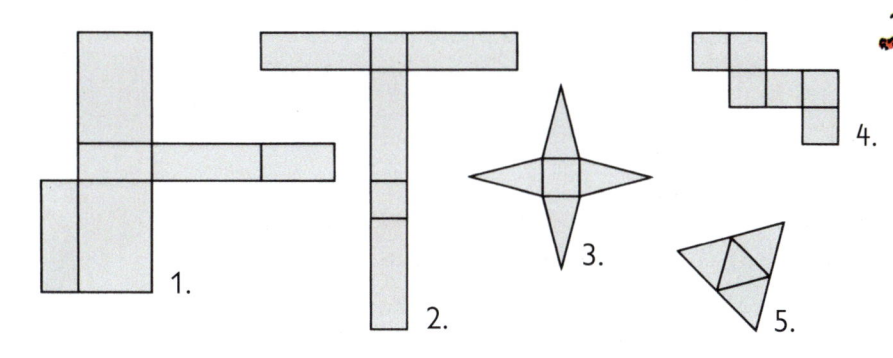

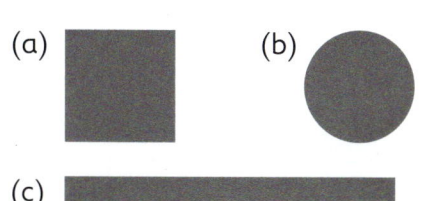

4 Welche der Körper A bis J könnten diese Schatten werfen?

(a)   (b)

(c)

Würfelnetze

1 a) Um herauszufinden, wie man einen Würfel aus Papier herstellen kann, hat Reja eine würfelförmige Verpackung aufgeschnitten. Begründe, warum Reja an sieben Kanten aufgeschnitten hat!

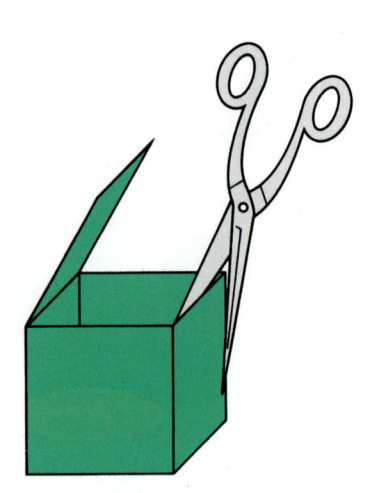

Würfelnetz

b) Zeichne das Netz eines Würfels auf Karopapier, schneide es aus und falte es zu einem Würfel!
c) Markiere zwei Netzkanten, die nach dem Falten dieselbe Würfelkante bilden, jeweils mit demselben Farbstift!
d) Wie viele Klebefalze gehören mindestens an ein Würfelnetz, damit der gefaltete Würfel auch zusammengeklebt werden kann?
e) Zeichne nun ein Würfelnetz mit Klebefalzen auf Karopapier, schneide die Figur aus und baue daraus einen Würfel!

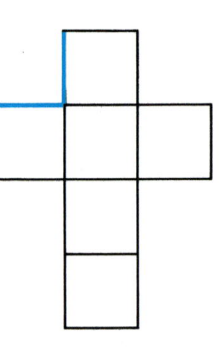

2  Zeichne das Würfelnetz auf Kästchenpapier! Schneide es aus und prüfe nach, zu welchem der fünf Würfel A, B, C, D, E das Netz gehören könnte! Begründe deine Antwort!

A   B   C   D   E

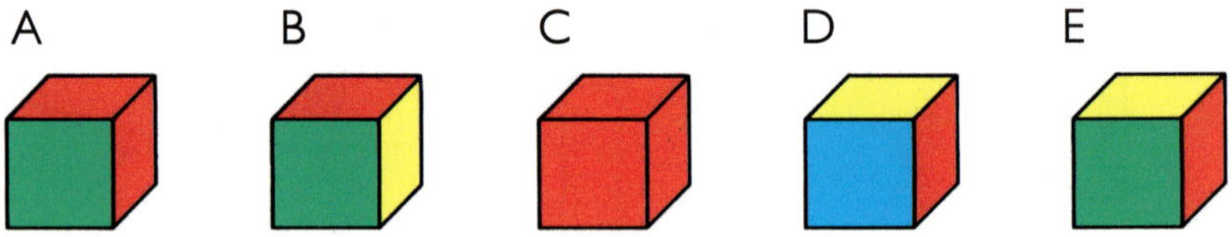

3 Welches Netz gehört zu welchem Würfel? Begründe deine Antwort!

A

B

1.   2.   3.   4.

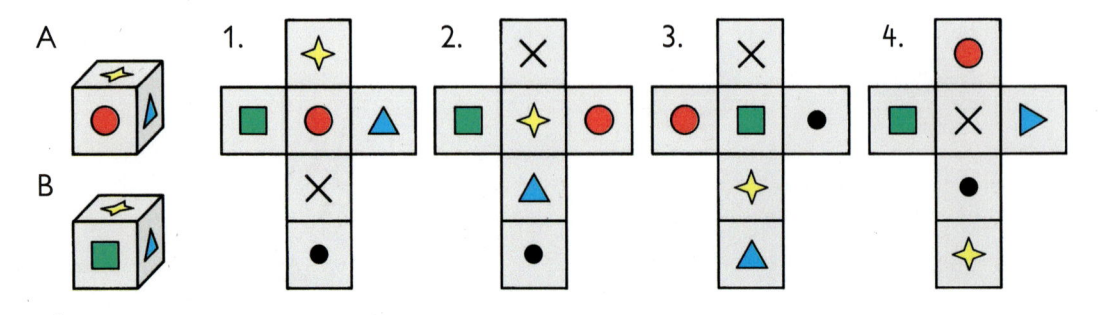

Würfelnetze

1 Murat sagt, dass es noch viele andere Würfelnetze gibt. Als Beweis zeigt er einige Zeichnungen.
Alle Figuren bestehen aus sechs gleich großen Quadraten.
Was meinst du dazu?

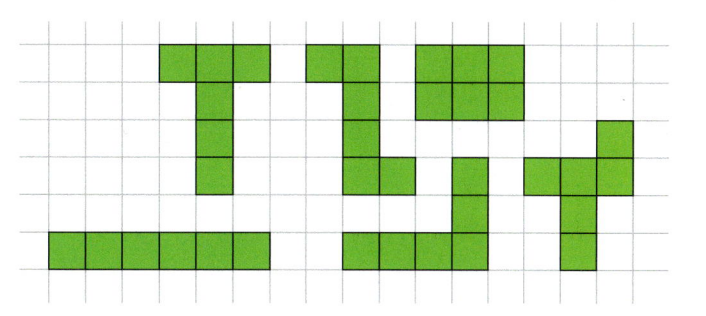

2

Esther geht beim Suchen von Würfelnetzen ganz systematisch vor.

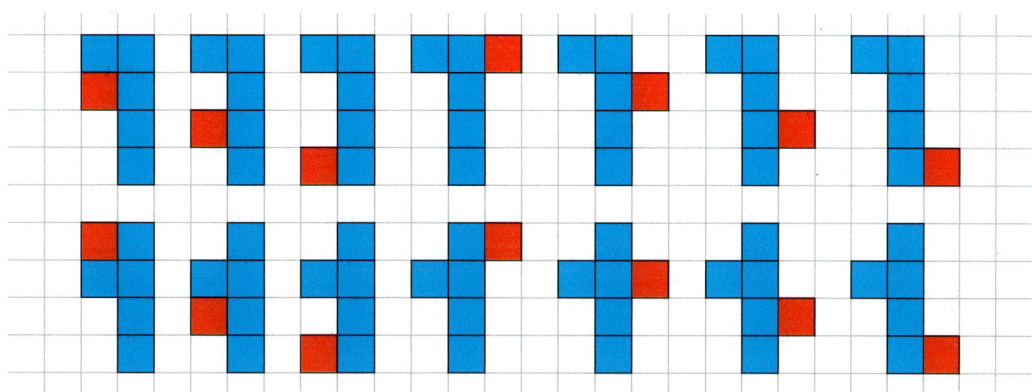

a) Erläutere das Vorgehen von Esther!
b) Unter den von Esther gezeichneten Figuren sind acht Würfelnetze, davon sechs nicht deckungsgleiche. Finde sie heraus!
c) Zeichne auf Karopapier die nebenstehende Figur auf und schneide sie aus!
Schneide dann die Figur an den gekennzeichneten Stellen ein! Falte anschließend jeweils einzelne Quadrate so nach hinten, dass nacheinander alle von Esther gefundenen Würfelnetze entstehen!

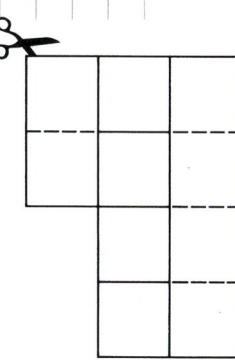

3

Auch aus diesen drei Netzen kannst du jeweils einen Würfel basteln:

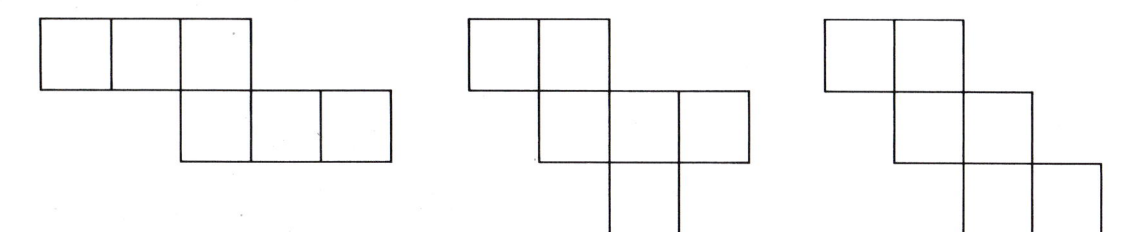

Zeichne die Netze auf Karopapier auf!
Male solche Strecken nach, die beim Zusammenkleben die gleiche Körperkante ergeben!

Quadernetze

1 a) Gib gemeinsame und unterschiedliche Eigenschaften der drei Quader an!
b) Welches Netz gehört zu welchem Quader? Begründe deine Antwort!

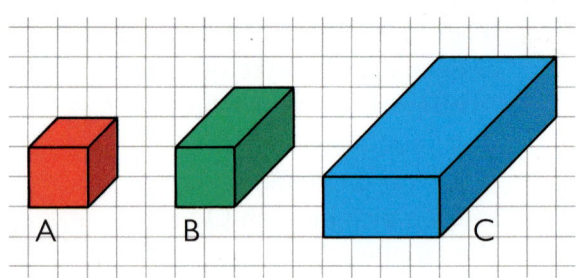

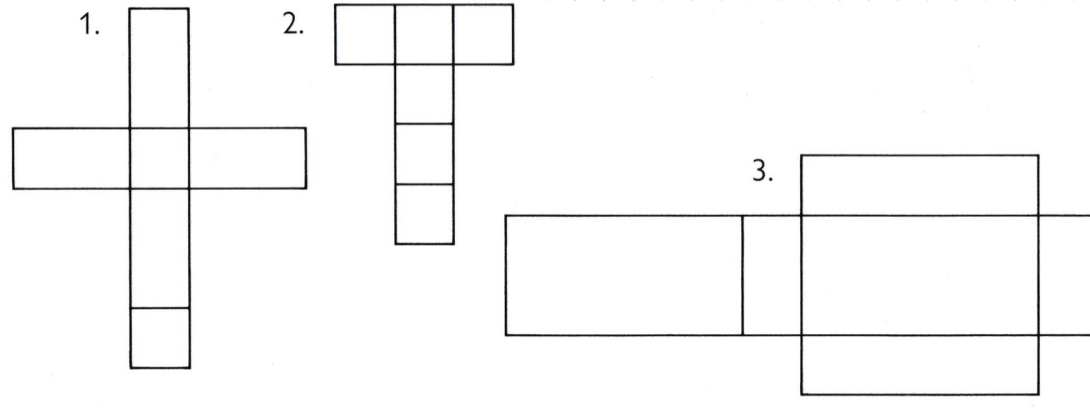

1.

2.

3.

c) Suche nach weiteren Netzen für die Quader B und C! Zeichne sie auf Karopapier auf!
d) Zeichne an ein Netz Klebefalze, schneide die Figur aus und klebe sie zu einem Quader zusammen!

2

Viele Verpackungen sind quaderförmig.
Wenn du sie auseinander faltest oder trennst, kannst du zum Beispiel solche Netze erhalten:

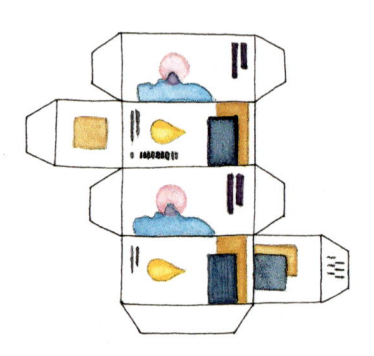

Worin unterscheiden sich diese Netze von den bisher gezeichneten Netzen? Warum ist das wohl so?

Quadernetze

1
a) Zeichne das Netz eines Quaders, der 8 cm lang, 4 cm breit und 2 cm hoch ist! Zeichne an das Netz Klebefalze, schneide die gesamte Figur aus und klebe sie zu einem Quader zusammen!

b) Lege den Quader auf eine der größten Flächen und färbe dann die Begrenzungsflächen folgendermaßen ein:
obere Fläche (Deckfläche): gelb
vordere Fläche (Seitenfläche): grün
hintere Fläche (Seitenfläche): braun
linke Fläche (Seitenfläche): rot
rechte Fläche (Seitenfläche): blau
untere Fläche (Grundfläche): schwarz

c) Übertrage das unten abgebildete Netz A so auf Karopapier, dass die Seiten viermal so lang werden wie auf dem Bild!

d) Schneide das Netz aus und prüfe nach, ob es zu deinem gebastelten Quader gehören könnte!

e) Prüfe auf die gleiche oder auf andere Weise, welche der abgebildeten Quadernetze B, C, D, E, F zu deinem Quader gehören könnten!

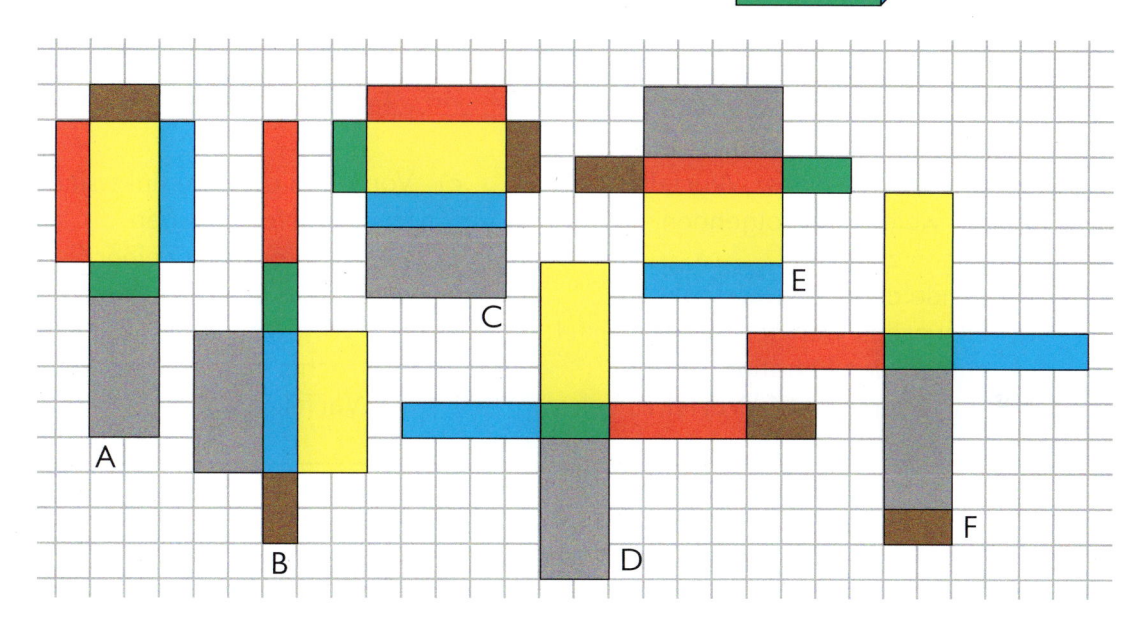

2
a) Stelle den gebastelten Quader so vor dich hin, dass die grüne Fläche als Grundfläche dient!
Welche Farben haben jetzt die Seitenflächen und die Deckfläche?

b) Kippe den Quader jeweils so über eine Kante, dass der angegebene Weg entsteht! Beachte, dass der Weg hier verkleinert dargestellt ist!

c) Finde selbst weitere Kippwege!

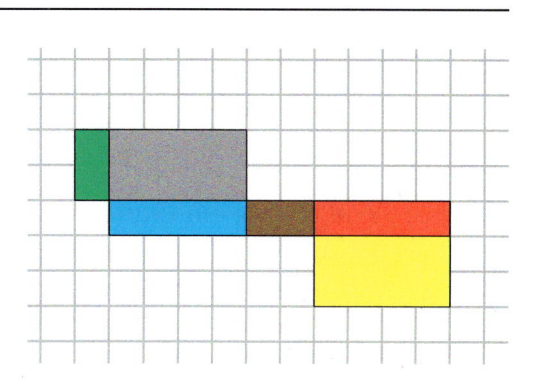

Bauen mit Würfeln

1 Antonio hat nach dem rechts angegebenen Bauplan aus gleich großen Würfeln eine Treppe gebaut.

Bauplan

3	3	3
2	2	2
1	1	1

a) Aus wie vielen Würfeln besteht die Treppe?
b) Wie viele Würfel sieht Antonio, wenn er von oben auf seine Treppe blickt?
c) Von welcher Seite aus sieht er genau sechs Würfel?

2 Sieh dir die folgenden Baupläne genau an!

A

4	3	2	1
3	3	2	1
2	2	2	1
1	1	1	1

B

2	2	2	2
2	1	1	2
2	1	1	2
2	2	2	2

C

3	2	2
3	1	1
3	1	1
3	2	2

D

		1	2	2	1	
1	2	3	2	2	1
		1	2	2	1	

Untersuche für jedes „Würfelbauwerk", welche der folgenden Aussagen zutreffen!
Begründe deine Antworten!

a) Es werden weniger als 30 Würfel zum Bauen benötigt.
b) Von oben sind 16 Würfel zu sehen.
c) Von oben und von links sind gleich viele Würfel zu sehen.
d) Von vorn oder von einer Seite sind genau 7 Würfel sichtbar.
e) Von vorn, von links, von hinten und von rechts sieht man jeweils genau 10 Würfel.

3
a) Mercedes und John haben aus gleich großen Würfeln Quader gebaut. John sagt: „Mein Quader ist größer als dein Quader." Was meinst du dazu?

Wenn Quader aus der gleichen Anzahl gleich großer Würfel bestehen, haben sie den gleichen **Rauminhalt**.

b) Wie könnte ein Quader noch aussehen, der den gleichen Rauminhalt hat wie die Quader von Mercedes und John? Fertige dazu eine Skizze an!
c) Welchen Rauminhalt haben die Quader A, B, C?

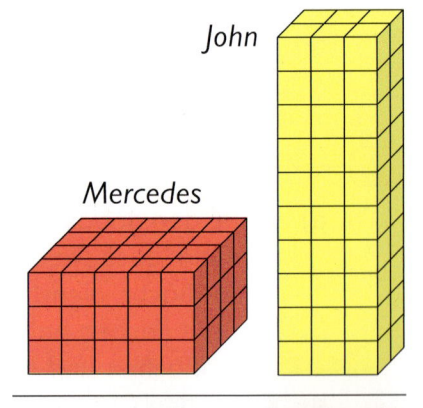

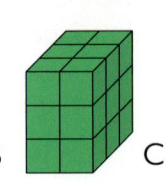

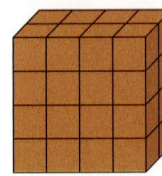

Ansichten

1 Vor Adrian liegen ein roter, ein blauer und ein gelber Farbwürfel.
So sieht Adrian die drei Würfel, wenn er sie von vorn betrachtet:

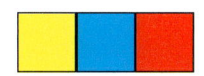

So sieht es aus, wenn Adrian von oben auf die drei Würfel schaut:

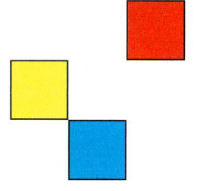

Finde heraus, wie Adrian die drei Würfel sieht, wenn er sie aus folgenden Richtungen betrachtet: von links, von rechts, von hinten!
Ordne jeder Richtung eines der Bilder A, B und C zu.

A   von...   B   von...   C   von...

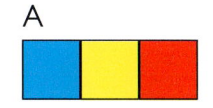

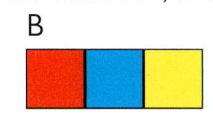

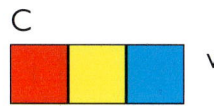

2 Stelle drei gleich große quaderförmige Schachteln so vor dich hin, dass jeweils eine der folgenden Ansichten entsteht!

a) von vorn   b) von vorn   c)* von links   d)* von hinten

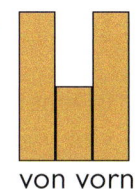

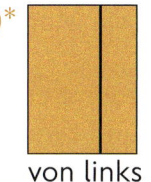

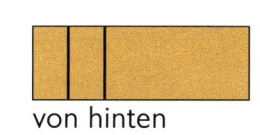

3 Jana hat aus ihrem Einkaufsbeutel drei Gegenstände auf den Tisch gestellt. Von oben sieht das so aus: 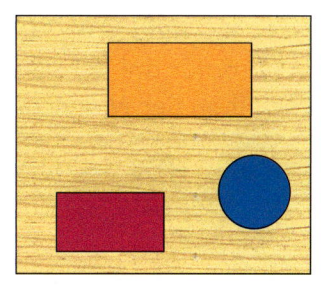
a) Was könnte Jana eingekauft haben?
b) Welche der vier unten angegebenen Ansichten ist deiner Meinung nach die von vorn?
Welches Bild zeigt dann die Ansicht von links (von rechts, von hinten)?

A   B 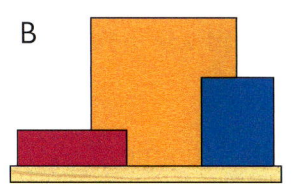   C 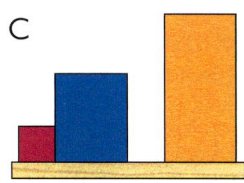   D

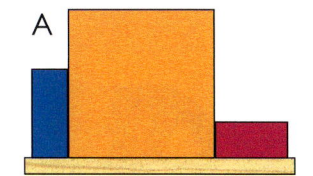

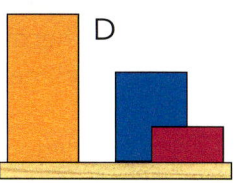

4 Ein Würfel und ein Quader stehen so auf einem Tisch: 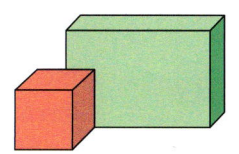
a) Fertige davon eine Freihandskizze an!
b) Lara hat diese Skizze gezeichnet:
Sie behauptet, dass sie auch die beiden Körper betrachtet hat.
Kann das sein? Begründe!

Daten, Häufigkeit, Wahrscheinlichkeit

1 Martin und Luisa wollen herausfinden, wie viele Möglichkeiten es gibt, mit einem schwarzen, einem blauen und einem weißen Würfel die Augensumme 5 zu würfeln.

Martin fertigt dazu eine Tabelle an:

Würfel	Gewürfelte Augen					
schwarz	3	2	2	1	1	1
blau	1	2	1	3	2	1
weiß	1	1	2	1	2	3

Luisa zeichnet ein Baumdiagramm:

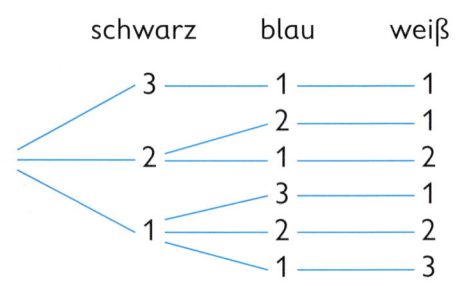

schwarz   blau   weiß

3 — 1 — 1
2 — 1 — 2
2 — 1 — 2
3 — 1
1 — 2 — 2
1 — 3

a) Erläutere das Vorgehen von Martin und Luisa!
b) Finde alle Möglichkeiten, mit einem schwarzen, einem blauen und einem weißen Würfel die Augensumme 15 zu würfeln! Gehe dabei so vor wie Martin oder wie Luisa!

2 In einem Beutel sind sieben Kugeln: drei blaue, zwei gelbe und zwei rote. Ohne in den Beutel hineinzuschauen, sollst du drei Kugeln herausnehmen. Welche Farben können die drei Kugeln haben? Gib alle Möglichkeiten dafür an! Verwende zum Aufschreiben der Möglichkeiten eine Tabelle!

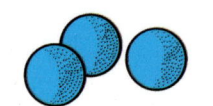

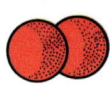

3 In einem Karton sind zwei rote und vier weiße Kugeln. Luca soll, ohne in den Karton hineinzuschauen, nacheinander je eine Kugel herausnehmen und auf den Tisch legen. Wie oft muss er eine Kugel greifen, damit mit Sicherheit
a) von jeder Farbe wenigstens eine Kugel auf dem Tisch liegt,
b) zwei weiße Kugeln auf dem Tisch liegen?

4 Finde heraus, wie viele zweistellige und wie viele dreistellige Zahlen es gibt!

5 In Zwiedorf gibt es dreistellige Telefonnummern. Wie viele Nummern können darunter sein, die an der Hunderterstelle eine 2 und an den beiden anderen Stellen jeweils eine ungerade Zahl haben?

6 a) Welche zweistelligen Zahlen lassen sich aus den Ziffern 1, 2, 3 bilden? Ordne die Zahlen, beginne mit der kleinsten!
b) Wie oft kann jede dieser Zahlen in einem Jahr als Tagesdatum auftreten?

Daten, Häufigkeit, Wahrscheinlichkeit

1 Janine weiß, dass jedes Kalenderjahr 52 volle Wochen enthält und deshalb jedes Jahr mindestens 52 Freitage hat. Beim Betrachten der Kalender von mehreren Jahren stellt Janine fest, dass es in jedem dieser Jahre einen „Freitag, den 13.", aber nicht in jedem Jahr einen „Freitag, den 31." gibt.
a) Prüfe das selbst nach! Finde einen Grund, woran das liegen könnte!
b) Formuliere eine entsprechende Frage für den heutigen Tag und beantworte sie!

2 Maria sagt, dass der 7.7. der 189. Tag des Jahres 1988, aber der 188. Tag des Jahres 1989 war. Kann das stimmen? Begründe deine Antwort!

3

Zwei voneinander verschiedene Punkte E, F kannst du durch eine Strecke miteinander verbinden. Um von den drei Punkten K, L, M jeden Punkt mit jedem anderen zu verbinden, brauchst du bereits drei Strecken.
a) Wie viele Strecken können entstehen, wenn du von vier Punkten A, B, C, D jeweils zwei miteinander verbindest? Fertige dazu eine Skizze an!
b)* Untersuche diese Fragestellung auch für fünf und für mehr als fünf Punkte!

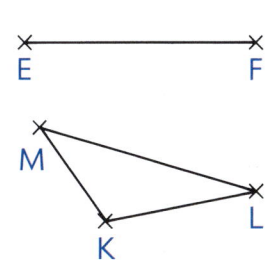

4

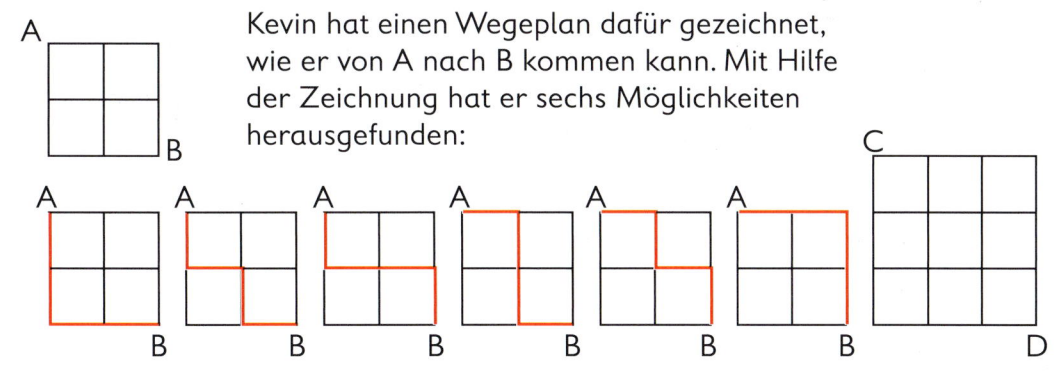

Kevin hat einen Wegeplan dafür gezeichnet, wie er von A nach B kommen kann. Mit Hilfe der Zeichnung hat er sechs Möglichkeiten herausgefunden:

Nun probiert er das Gleiche beim Wegeplan für C und D. Hilf ihm dabei! Benutze Skizzen!

5

Anne und Katrin wollen beim Kinderfest das Glücksrad drehen. Anne soll bei einer Zahl größer als 6 und Katrin bei einer Zahl kleiner als 6 gewinnen.
Wer besitzt die größeren Gewinnchancen?

Daten, Häufigkeit, Wahrscheinlichkeit

1 Die Klasse 4c der Grundschule am See besuchen 26 Kinder. Was ist sicher, was ist möglich, was ist unmöglich?
   (A) Jedes Kind hat an einem anderen Wochentag Geburtstag.
   (B) Mindestens ein Kind hat in diesem Jahr an einem Sonntag Geburtstag.
   (C) Drei Kinder haben im selben Monat Geburtstag.
   (D) Ein Kind hat am 31. November Geburtstag.

2 a) Befrage alle Kinder deiner Klasse, wie lange sie am vergangenen Sonntag ferngesehen haben! Notiere die Ergebnisse in einer Strichliste!

0 Stunden	1 Stunde	2 Stunden	3 Stunden	≥ 4 Stunden

   b) Stelle deine Ergebnisse in einem Streifendiagramm dar!

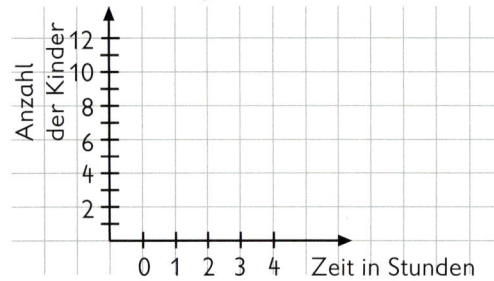

   c) Sprich über die Ergebnisse deiner Befragung!

3 a) Würfle nacheinander sechzigmal mit einem Spielwürfel! Notiere das Ergebnis jedes Mal in einer Strichliste!
   b) Stelle die Ergebnisse in einem Streifendiagramm dar!
   c) Vergleiche die Häufigkeiten der Augenzahlen und sprich darüber!
   d) Was meinst du zu diesen Aussagen?
      (A) Die Chance, eine Sechs zu würfeln, ist etwa so groß wie die Chance, eine Eins zu würfeln. 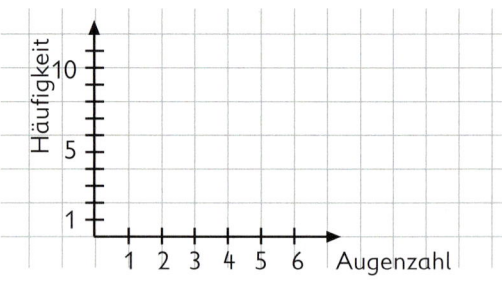
      (B) Es ist wahrscheinlicher, eine gerade Zahl zu würfeln als eine Eins zu würfeln.
      (C) Gerade Zahlen kommen beim Würfeln mit einem Spielwürfel häufiger vor als ungerade Augenzahlen.
   e) Würfle nun noch weitere sechzigmal mit einem Spielwürfel und ergänze deine Strichliste! Stelle die Ergebnisse aller 120 Würfe in einem Streifendiagramm dar! Was stellst du fest?

Daten, Häufigkeit, Wahrscheinlichkeit

1 Nimm einen Bleistift mit sechs gleichen Flächen, von denen eine Fläche beschriftet ist! Rolle diesen Bleistift zehnmal!
Was kommt häufiger vor?
– Die beschriftete Fläche ist oben.
– Eine unbeschriftete Fläche ist oben.

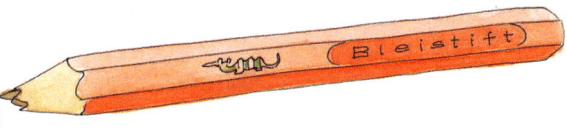

2

Aus einem gut gemischten Kartenspiel wird zufällig eine Karte gezogen.
Worauf würdest du eher wetten?

– Die gezogene Karte ist eine Kreuz-Karte oder die gezogene Karte ist ein König.
– Die gezogene Karte ist ein Karo-Ass oder die gezogene Karte ist eine Sieben.

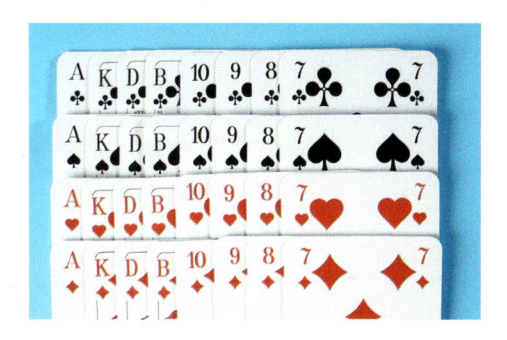

3

Lennarts Eltern unterbreiten ihrem Sohn zwei Vorschläge.
Vorschlag A: Lennart erhält in jeder Woche 3 € Taschengeld.
Vorschlag B: Lennart bestimmt jede Woche durch den Wurf eines Spielwürfels die Höhe seines Taschengeldes.
Was würdest du Lennart empfehlen?

4 Franziska und Paul vereinbaren folgendes Spiel.
Eine Ein-Euro-Münze wird dreimal geworfen.
Paul gewinnt, wenn mindestens zweimal nacheinander die Zahl oben ist. Ansonsten gewinnt Franziska.
a) Stelle alle Ergebnisse in einem Baumdiagramm dar!
b) Ist das Spiel gerecht?
c) Überprüfe deine Vermutung experimentell!

5

Anne wirft einen Baustein.
a) Was ist wahrscheinlicher?
– Lage A oder Lage B
– Lage B oder Lage C
b) Überprüfe deine Vermutung experimentell!

Lage A   Lage B   Lage C

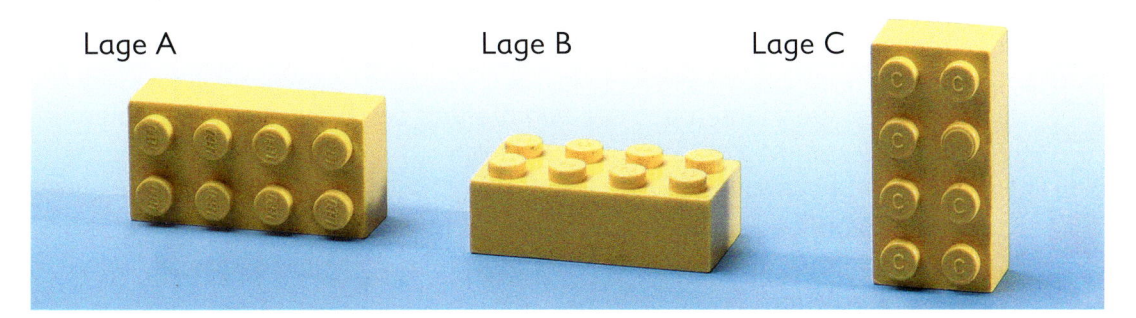

Wiederholung und Kontrolle

1 Dividiere geschickt!

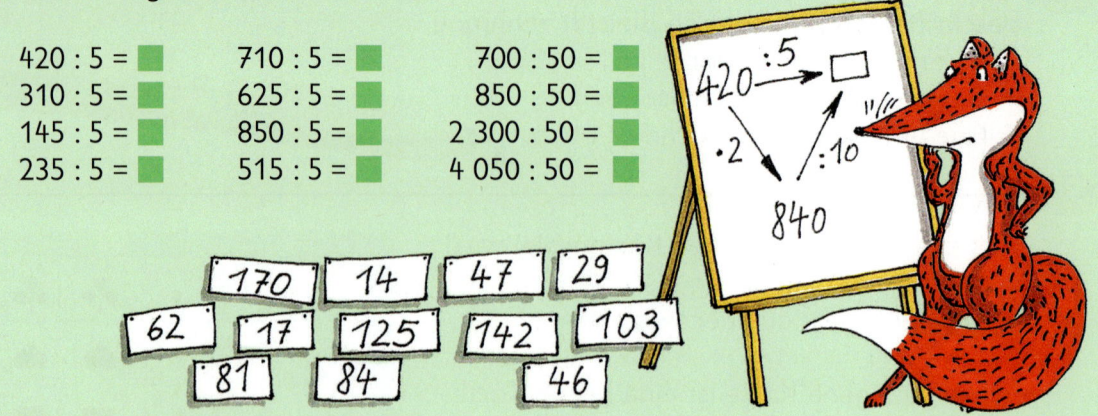

420 : 5 = ▢   710 : 5 = ▢   700 : 50 = ▢
310 : 5 = ▢   625 : 5 = ▢   850 : 50 = ▢
145 : 5 = ▢   850 : 5 = ▢   2 300 : 50 = ▢
235 : 5 = ▢   515 : 5 = ▢   4 050 : 50 = ▢

420 :5 → ▢
·2 ↗ ↘ :10
840

170 14 47 29
62 17 125 142 103
81 84 46

2 Überschlage zuerst, dann dividiere schriftlich!

87 : 3   368 : 4   939 : 3   1 975 : 5   1 172 : 4
244 : 4   711 : 9   792 : 4   2 765 : 7   1 821 : 3
232 : 8   644 : 7   1 584 : 8   3 024 : 6   4 856 : 8
366 : 6   237 : 3   2 191 : 7   4 536 : 9   1 758 : 6

29, 61, 79, 92, 198, 293, 313, 395, 504, 607

3 Kontrolliere deine Ergebnisse mit der Umkehraufgabe!

1 463 : 7   2 456 : 8   1 881 : 9   7 063 : 7   6 366 : 6
4 036 : 4   5 305 : 5   1 890 : 7   1 842 : 6   9 081 : 9
2 430 : 9   5 448 : 6   3 270 : 3   2 724 : 3   7 630 : 7

209, 270, 307, 908, 1009, 1061, 1090

4 250 : 8 = ▢ Rest ▢   620 : 3 = ▢ Rest ▢   4 213 : 5 = ▢ Rest ▢
109 : 6 = ▢ Rest ▢   865 : 7 = ▢ Rest ▢   6 385 : 9 = ▢ Rest ▢
434 : 5 = ▢ Rest ▢   975 : 4 = ▢ Rest ▢   5 585 : 6 = ▢ Rest ▢

5 5,95 € : 7   6,25 m : 5   7,500 kg : 6   5,250 l : 3
8,97 € : 3   8,36 m : 4   3,375 kg : 9   2,640 l : 8
7,65 € : 9   8,75 m : 7   1,125 kg : 3   8,750 l : 5

2,99 € 1,250 kg 0,33 l
85 ct 1,75 l 2,09 m
1,25 m 0,375 kg

6 (243 + 324) : 9   (559 − 195) : 4   (802 − 417) : 7
(356 + 253) : 7   (801 − 297) : 8   (108 + 189) : 9
(197 + 349) : 6   (843 − 408) : 5   (419 − 188) : 3

33, 55, 63, 77, 87, 91

7 Jeder Mensch hat etwa 650 Muskeln, davon ein Dreizehntel im Gesicht.

8 Bestimme den Quotienten aus der Summe und der Differenz der Zahlen 294 und 287!

9 Sandras vierköpfige Familie hat ein Durchschnittsalter von 20 Jahren. Sandra ist 10 Jahre alt, ihre Mutter 31 Jahre und ihr Vater 34 Jahre. Wie alt ist ihr Bruder Paul?

10 Anne und Lisa betreten den Musikraum als Letzte. In der hintersten Reihe sind noch drei Plätze frei. Wie viele verschiedene Möglichkeiten haben die beiden Mädchen, ihre Plätze auszuwählen?

11 a) Was bedeutet der Maßstab 1 : 50?
b) Bestimme die Maße eines Zimmers in eurer Wohnung!
c) Welche Länge und Breite haben die Möbel in diesem Zimmer?
d) Wie breit sind Tür und Fenster?
e) Zeichne alles im Maßstab 1 : 50 auf Millimeterpapier!

12 Nenne Körper mit   a) acht Ecken,   b) acht Kanten,   c) sechs Flächen!

13 Stelle vier gleich große Würfel so auf einen Tisch, dass von oben betrachtet drei Quadrate und von links betrachtet nur zwei Quadrate zu sehen sind!

14 a) In den sechs Zeichnungen von Würfel- und Quadernetzen sind vier Fehler enthalten. Beschreibe die Fehler!

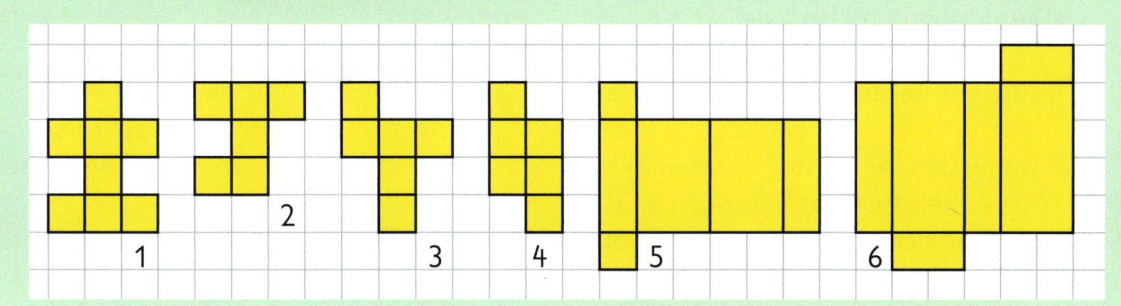

b) Wie könnten die richtigen Netze aussehen? Fertige Skizzen davon an!

15 a) Wie viele Geraden und wie viele Schnittpunkte findest du in der Abbildung?
b) Welche Geraden sind parallel und welche sind senkrecht zueinander? Vermute zuerst und überprüfe dann!
c) Schreibe die zehn Dreiecke auf, die durch die Schnittpunkte der Geraden gebildet werden!
d) Schreibe Vierecke auf, die in der Figur enthalten sind! Unterstreiche die Trapeze farbig! Wie viele Parallelogramme sind darunter?

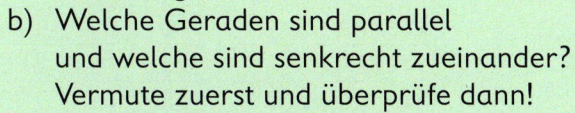

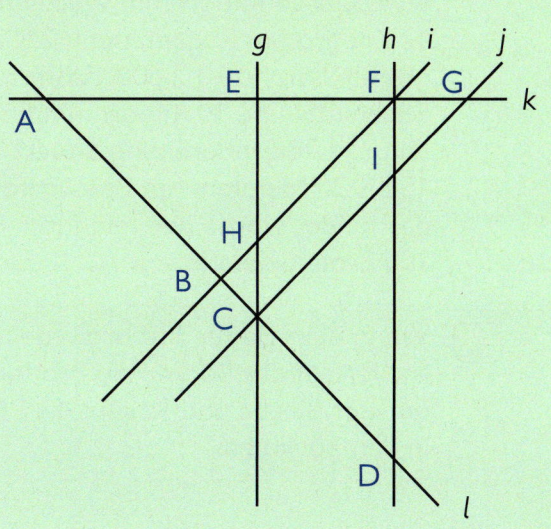

Mini-Projekte — In einer Bäckerei

Die Klasse 4a führt ein Projekt zum Thema „Handwerksberufe" durch. Samira und Frank besuchen eine Bäckerei und sammeln Informationen über die Arbeit eines Bäckers. Bilde zu den nachfolgenden Angaben Aufgaben und löse sie!

1. Bäckermeister Möller erzählt den Kindern, dass er an jedem Arbeitstag um 3:00 Uhr aufsteht. Um 4:00 Uhr ist Arbeitsbeginn. 9 Stunden später legt er sich dann hin, um noch einmal 4 Stunden zu schlafen.

2. Der Teig für 100 Mischbrote besteht etwa aus 27 Kilogramm Weizenmehl, 42 Kilogramm Roggenmehl, 2 Kilogramm Salz, etwa 2 600 Gramm Backmittel und 10 Kilogramm Sauerteig. Die Teigzubereitung dauert 15 bis 20 Minuten. Am Besuchstag der Kinder wurde der Teig für 300 Brote geknetet.

3. Wenn der Teig für 100 Brote geknetet ist, verteilt der Bäcker die Brotlaibe auf vier Bleche und schiebt die Bleche in den Backofen.

4. Die Backzeit für ein Brot beträgt etwa 55 Minuten, die Backzeit für ein Brötchen dagegen nur 18 Minuten.

5. Die Tabelle gibt an, wie viele Brote und wie viele Brötchen in der vorigen Woche gebacken wurden.

	Anzahl der Brote	Anzahl der Brötchen
Dienstag	375	2 400
Mittwoch	275	1 920
Donnerstag	300	1 980
Freitag	425	2 880
Sonnabend	225	2 400

6. Sehr gefragt sind bei den Kunden die leckeren Pfannkuchen. Jeden Tag werden 400 Pfannkuchen gebacken. Frau Möller legt immer 30 Stück auf ein großes Kuchenblech.

Auf einem Bauernhof

1 An einem Wandertag besuchen die Kinder der Klasse 4b einen Bauernhof. Der Bauer erzählt ihnen, dass er gegenwärtig 65 Milchkühe, 26 Schweine, 3 Pferde, 23 Hühner, 17 Enten, 8 Kaninchen, einen Hund und 2 Katzen auf seinem Hof hat. Zuerst zeigt der Bauer den Kindern einen Hühnerstall. Er berichtet, dass die Hühner an den einzelnen Tagen der vergangenen Woche 19, 15, 18, 17, 21, 15 und 21 Eier legten.
Im Schweinestall zeigt der Bauer den Kindern ein 56 Kilogramm schweres Schwein. Er erklärt, dass dieses Schwein jeden Tag rund 400 Gramm zunimmt. Sobald das Schwein 110 Kilogramm schwer ist, will der Bauer es verkaufen.
Auf einer Weide können die Kinder die Milchkühe sehen. Im vergangenen Jahr gab jede der 65 Kühe durchschnittlich etwa 6 700 Liter Milch.

a) Wie viele Tiere hat der Bauer insgesamt?
b) Wie viele Eier legten die Hühner in der vergangenen Woche insgesamt? Wie viele Eier waren das durchschnittlich an jedem Tag?
c) In wie vielen Tagen wird vermutlich das Schwein 110 Kilogramm schwer sein?
d) Wie viel Liter Milch gaben die 65 Kühe im vergangenen Jahr insgesamt?

2 Eine etwa 2 000 Gramm schwere Zuckerrübe besteht aus 1 540 Gramm Wasser. 130 Gramm sind feste Stoffe und der Rest ist Zucker.
Wie viel Gramm Zucker enthält die Zuckerrübe?

Unterwegs mit einer Dampfeisenbahn

Linie Dampfeisenbahnen	Lage	In Betrieb seit	Spurweite in mm	Fahrstrecke in km	Fahrzeit in h
Bad Doberan – Kühlungsborn „Molli"	bei Rostock	1886	900	15,4	$\approx \frac{3}{4}$
Putbus – Göhren „Rasender Roland"	Insel Rügen	1899	750	24,2	$\approx 1\frac{1}{4}$
Wernigerode – Nordhausen „Harzquerbahn"	Harz	1899	1000	60,5	≈ 3
Radebeul Ost – Radeburg „Traditionsbahn"	bei Dresden	1884	750	16,5	≈ 1
Cranzahl – Oberwiesenthal	südlich von Chemnitz	1897	750	17,3	≈ 1

1. a) Welche der in der Tabelle angegebenen Dampfeisenbahnen wurde als erste in Betrieb genommen?
   b) Wie viele Jahre ist diese Dampfeisenbahn schon in Betrieb?

2. Welche der genannten Dampfeisenbahnen hat die längste Fahrstrecke?

3. Berechne die Differenz zwischen den Längen der Fahrstrecken für die „Harzquerbahn" und den „Rasenden Roland"!

4. Wie viel Kilometer kannst du mit deinem Fahrrad ungefähr in einer Stunde fahren? Vergleiche mit der Streckenlänge der „Traditionsbahn" Radebeul Ost – Radeburg!

5. Die Normalspurweite in Deutschland beträgt 1 435 mm. Stelle diese und die anderen Spurweiten in einem Streifendiagramm dar! Wähle hierfür den Maßstab 1 : 10!

6. Denke dir weitere Aufgaben aus und löse sie!

Unterwegs mit Bus und Bahn

1 Lara und Leon verbringen mit ihren Eltern im Winter zwei Urlaubswochen im Gebirge. Von ihrem Urlaubsort aus unternehmen sie auch eine Busfahrt. Der Bus legt die Fahrstrecke in einer Zeit von 45 Minuten zurück. Der Vater bezahlt für die vier Personen 24 €.
  a) Wie hoch kann der Fahrpreis für jeden gewesen sein? Gib eine Möglichkeit dafür an und begründe!
  b) Erkunde, welchen Ort du mit einem Bus von deinem Heimatort oder von einem Nachbarort aus in 45 Minuten oder in weniger als 45 Minuten erreichen kannst!
  c) Schreibe Orte auf, die du von deinem Heimatort oder von einem Nachbarort aus mit einem Busfahrschein erreichen kannst, der höchstens 6 € kostet.

2 Maja und Marc wollen mit ihren Eltern in den Sommerferien Urlaub im Harz machen. Besonders freuen sie sich auf eine Fahrt mit der Brockenbahn. Die Brockenbahn ist eine Dampfbahn, die bereits seit 1899 in Betrieb ist. Sie fährt von dem 540 m hoch gelegenen Ort Drei-Annen-Hohne über den 685 m hoch liegenden Ort Schierke bis zur 1 125 m hoch gelegenen Endstation auf dem Brocken und zurück. Die Fahrstrecke ist 19 km lang.
  a) Welchen Höhenunterschied muss die Brockenbahn von einer Station zur anderen und insgesamt überwinden? Vergleiche die Höhenunterschiede mit dir bekannten Höhen!
  b) Stelle einen Tagesplan für einen Ausflug zum Brocken auf! Benutze die nebenstehende Tabelle! Beachte, dass eine Hinfahrt oder eine Rückfahrt rund 50 Minuten dauert! Eingeschlossen ist darin jeweils ein kurzer Aufenthalt in Schierke.

Abfahrt Drei-Annen-Hohne	Abfahrt Brocken
9:30 Uhr	10:22 Uhr
10:15 Uhr	11:07 Uhr
11:00 Uhr	11:52 Uhr
11:45 Uhr	12:37 Uhr
12:30 Uhr	13:30 Uhr
13:24 Uhr	14:18 Uhr
14:00 Uhr	15:13 Uhr
14:50 Uhr	15:52 Uhr

3 Stelle zu den angegebenen Zahlen Vergleiche her! Bilde und löse Rechenaufgaben!
  a) Das überregionale Straßennetz der Bundesrepublik Deutschland war 1998 rund 230 665 km lang. 11 437 km waren Autobahnen. Das Eisenbahnnetz war 1998 45 150 km lang. Davon waren ungefähr 19 000 km elektrifiziert.
  b) Der Hauptbahnhof in Leipzig ist einer der größten Personenbahnhöfe der Welt. Er wurde 1915 eröffnet und 1996/97 umfassend umgebaut. Die Halle über dem Querbahnsteig ist 270 m lang, 33 m breit und 27 m hoch. Der Bahnhof hat 24 Bahnsteige.

Unterwegs mit Flugzeug und Schiff

1 Elisa fliegt in den Ferien zum ersten Mal in ihrem Leben mit einem Flugzeug in den Urlaub. Ihre Mutter, ihr Vater und sie fliegen mit einem Großraumflugzeug. Es hat auf der rechten und auf der linken Seite je 43-mal zwei Sitzplätze nebeneinander. Dazu sind in der Mitte zwischen den beiden Gängen noch einmal 27-mal vier, 5-mal drei und 13-mal zwei Sitzplätze angeordnet.
Wie viele Passagiere finden in dem Flugzeug Platz?

2 Stelle zu den angegebenen Zahlen Vergleiche her! Bilde und löse Rechenaufgaben!
  a) 1986 flogen zwei Piloten mit einem superleichten Flugzeug in 9 Tagen 40 212 km rund um den Erdball, ohne nachzutanken.
  b) 2005 umrundete ein Mensch die Erde ohne Zwischenlandung und ohne Tankstopp in einem Alleinflug in 67 Stunden. Sein Flug war 37 000 Kilometer lang.

3 Niklas fährt mit seinen Eltern in den Ferien nach Schweden. Sie benutzen eine Fähre von Sassnitz-Fährhafen nach Trelleborg. Sie wissen, dass ihr Zug um 12:42 Uhr in Sassnitz-Fährhafen ankommt. Die Fähre fährt 18 Minuten danach ab und kommt um 16:45 Uhr in Trelleborg an. Nachdem der Zug die Fähre verlassen hat, fährt Niklas mit seinen Eltern noch 35 Minuten bis Malmö. Dort sollen sie um 18:00 Uhr ankommen.
  a) Welche Fahrzeit braucht die Fähre von Sassnitz-Fährhafen bis Trelleborg?
  b) Wie lange ist Niklas mit seinen Eltern von Sassnitz-Fährhafen bis Malmö unterwegs?

4 Stelle zu den angegebenen Zahlen Vergleiche her!
Bilde und löse Rechenaufgaben!
  a) 1991 war das größte Eisenbahnfährschiff der Welt rund 190 m lang und hatte mit insgesamt 15 Gleisen auf drei Decks eine Gleislänge von 1 990 m.
  b) Noch 1990 verrichtete die bereits 1890 gebaute Eisenbahnfähre „Stralsund" mit einem 32 m langen Gleis zwischen Wolgast und der Insel Usedom ihren Dienst.
  c) Viele Güterzüge bestehen aus über 50 Waggons, von denen jeder zwischen 10 m und 20 m lang ist.

Streichquadrate

Ralf hat sich ein Zahlenquadrat ausgedacht. Er behauptet, dass dieses Quadrat eine ganz besondere Eigenschaft besitzt. Wir wollen herausfinden, was er meint.

21	25	20	33
14	18	13	26
23	27	22	35
16	20	15	28

1

a) Ralf wählt eine beliebige Zahl aus (20). Dann streicht er alle anderen Zahlen aus derselben Zeile und derselben Spalte durch. Nun wählt er aus den übrigen Zahlen eine weitere Zahl (14) aus. Er streicht abermals alle anderen Zahlen aus derselben Zeile und derselben Spalte durch. Auf gleiche Weise erhält er die beiden Zahlen in der 3. und 4. Zeile (35, 20).

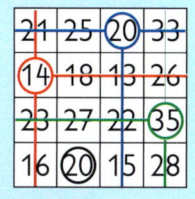

Bilde die Summe 20 + 14 + 35 + 20!

b) *Pedro streicht anders:*   *Ira streicht noch anders:*

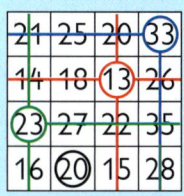

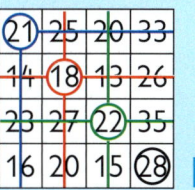

33 + 13 + 23 + 20 = ■   ■ + ■ + ■ + ■ = ■

Welche Summen erhalten Pedro und Ira?

c) Kannst du noch anders vorgehen? Was stellst du fest?

2

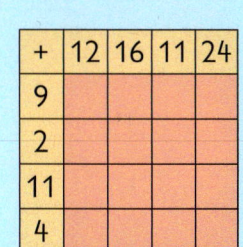

+	12	16	11	24
9				
2				
11				
4				

a) Vervollständige die Additionstafeln!
b) Untersuche, ob das rote und das blaue Zahlenquadrat Streichquadrate sind!
c) Addiere die acht Zahlen, aus denen du das rote Quadrat gebildet hast! Was fällt dir auf?

+	24	65	79	13
95				
51				
48				
32				

3

In einem Kalenderblatt sind viele Streichquadrate versteckt. Du kannst Quadrate mit 4, 9 oder 16 Zahlen entdecken. Welche Streichquadrate findest du?

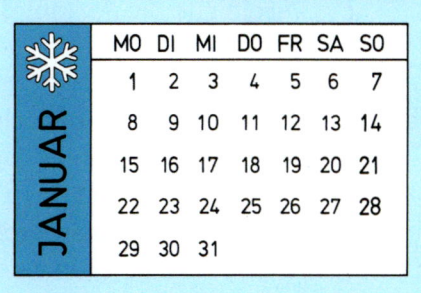

JANUAR

MO	DI	MI	DO	FR	SA	SO
1	2	3	4	5	6	7
8	9	10	11	12	13	14
15	16	17	18	19	20	21
22	23	24	25	26	27	28
29	30	31				

Dualsystem

1 Unsere Zahlen schreiben wir gewöhnlich im Dezimalsystem (Zehnersystem).
Beispiel: 1 T + 2 H + 3 Z + 5 E = 1235

a) Trage die Zahlen 34 671, 28 902 und 317 269 in eine Stellentafel ein!

b) Ergänze und erkläre!

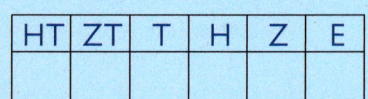

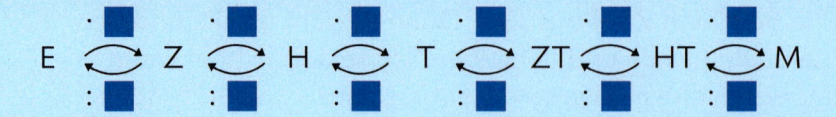

HT	ZT	T	H	Z	E

E ⇄ Z ⇄ H ⇄ T ⇄ ZT ⇄ HT ⇄ M

2 Ein Computer rechnet im Dualsystem (Zweiersystem). Er verwendet Dualzahlen.

Die Dualzahl 1101 entspricht der Dezimalzahl 13.

a) Überprüfe Toms Behauptung! Fertige dazu die unten angegebenen Kästchenstreifen an und lege die Dezimalzahl 13 mit geeigneten Streifen als Dualzahl! Jeden Streifen darfst du höchstens einmal verwenden.

Einer Zweier Vierer Achter Sechzehner

b) Welche Dezimalzahlen hat Tom in einer Stellentafel des Dualsystems dargestellt?

Sechzehner	Achter	Vierer	Zweier	Einer
0	1	0	0	1
1	0	1	0	1

3 a) Wandle die Dezimalzahlen 14, 15, 16, 17, 24, 26 und 31 in Dualzahlen um! Zeichne dazu eine solche Stellentafel in dein Heft!

Dezimalzahl 14	Sechzehner	Achter	Vierer	Zweier	Einer	Dualzahl 1110
	0	1	1	1	0	

b) Ergänze und erkläre!

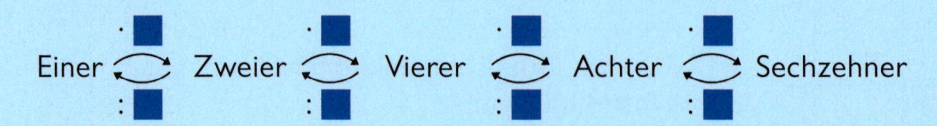

Einer ⇄ Zweier ⇄ Vierer ⇄ Achter ⇄ Sechzehner

c) Vergleiche die Anzahl der Stellen einer Dezimalzahl mit der Anzahl der Stellen der gleich großen Dualzahl! Was stellst du fest?

4 Computer und Taschenrechner rechnen „in ihrem Inneren" mit Dualzahlen. Statt mit 0, 1, 2, 3, 4, und 5 rechnen sie mit 0, 1, 10, 11, 100, 101. Schreibe auf, womit sie rechnen, wenn du 6, 7, 8, 9, 10, 11 oder 12 eingibst!

Rechnen im Dezimalsystem und im Dualsystem

1 a) Das Einspluseins besteht im Dualsystem nur aus diesen vier Gleichungen:
0 + 0 = 0   0 + 1 = 1   1 + 0 = 1   1 + 1 = 10. Erkläre, warum das so ist!

b) Auch das Einmaleins besteht im Dualsystem nur aus vier Gleichungen. Ergänze die Gleichungen und erläutere sie dann!
0 · 0 = ■   0 · 1 = ■   1 · 0 = ■   1 · 1 = ■

c)* Prüfe im Dezimalsystem, welche Fehler Lars beim Rechnen im Dualsystem gemacht hat! Benutze dazu die Kästchenstreifen!
1 + 1 = 2   10 + 10 = 1010   11 + 11 = 11111   10 · 11 = 101

2 Die folgenden Aufgaben wurden im Dezimalsystem gerechnet und enthalten Rechenfehler. Suche und berichtige sie! Überlege jeweils, wie die Fehler entstanden sein könnten!

Aus Fehlern lernt man!

a) 3241
  + 8865
  ─────
   12006

b) 9218
  + 185
  ─────
   11068

c) 7532
  − 4261
  ─────
   3391

d) 28015
  −   316
  ─────
   28701

e) 37 · 24
     74
    148
    ───
    222

f) 415 · 13
     415
    1235
    ────
    5385

g) 484 : 2 = 248
    505 : 5 = 11

h) 808 + 12 · 3 = 2460
    5 · (68 − 30) = 310

3

a) Rechne mit einem Taschenrechner die Aufgaben 87 678 + 49 675, 63 636 − 45 929, 638 857 · 55 und 23 432 814 : 45 678 aus!
Was haben die Ergebnisse mit den Wörtern EIS, LOLLI, ESELEI, SEI LEISE zu tun?

b) Denke dir selbst solche Aufgaben aus!

c) Welche Buchstaben könnten die Ziffern 9, 8 und 4 darstellen?

4 Die Ergebnisse dieser Aufgaben sind besondere Zahlen. Berechne sie!

33 333 · 9   12 345 679 · 8
33 333 · 8   12 345 679 · 6
33 333 · 7   7 654 321 · 9
33 333 · 6   7 654 321 · 8
33 333 · 5
33 333 · 4
33 333 · 3

5
a) Rechne aus!   11 111 112 : 9
                 1 111 113 : 9
                 111 114 : 9

b) Vermute, wie die Aufgaben fortgesetzt werden und welche Ergebnisse sie haben könnten!

c) Überprüfe deine Vermutungen mit dem Taschenrechner, durch schriftliches Rechnen oder durch Kopfrechnen!

6 Die Zahlen 2, 3, 5, 7 und 11 haben genau zwei Teiler, nämlich 1 und sich selbst. Solche Zahlen heißen **Primzahlen**. Nimm den Taschenrechner zu Hilfe und ermittle die größte zweistellige Primzahl!

Besondere Körpernetze

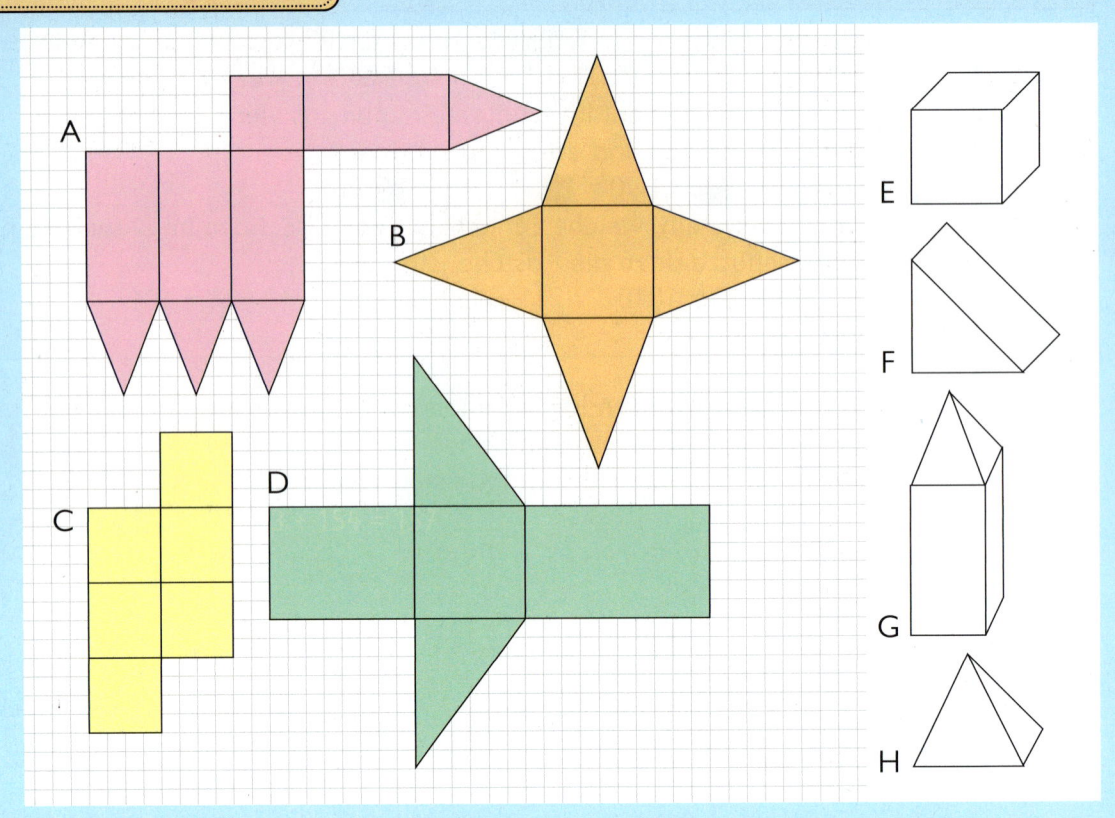

1
a) Welche Figuren sind Körpernetze?
b) Welche Körper könntest du daraus herstellen? Begründe deine Antwort!
c) Wähle ein Körpernetz aus! Übertrage es auf Karopapier!
   Ergänze die Klebefalze! Es sind entweder vier, fünf oder acht Stück.
   Schneide dann die Figur aus und baue daraus einen Körper!

2

Der Maler und Architekt Friedensreich Hundertwasser hat 1966 das Bild „Gelbe Häuser …" gestaltet.
a) Beschreibe die Häuser!
b) Informiere dich im Internet über Bauwerke des Künstlers!  
c) Baue ein ähnliches Haus! Entwirf und gestalte zuerst ein Körpernetz!
d) Sprich über deine Architektenträume!

Unmögliche Figuren

1. Der niederländische Grafiker Maurits Cornelis Escher hat dieses Bild 1953 gezeichnet.
   a) Beschreibe das Treppenhaus! Was fällt dir auf?
   b) Welche Stufenflächen hat der Künstler hell und welche dunkel gezeichnet? Welche Wirkung entsteht dadurch?
   c) Decke einzelne Bildteile so ab, dass du nur einen wirklichkeitsgetreuen Bildausschnitt siehst! Finde verschiedene Möglichkeiten!

Figuren, die nur auf dem Zeichenblatt existieren, nicht aber in der Wirklichkeit, heißen **unmögliche Figuren**.

2. Viele Beispiele für unmögliche geometrische Körper wurden von dem schwedischen Grafiker Oscar Reutersvärd erdacht.
   a) Sprich über die Körper! Wo erkennst du Unmögliches?
   b) Versuche, eine der Figuren nachzuzeichnen! Achte auf die hellen und die dunklen Flächen!
   c) Denke dir selbst einen unmöglichen Körper aus und fertige eine Zeichnung dazu an!

Impressum

Dieses Schulbuch gehört zur Reihe ICH RECHNE MIT!.
Das Buch wird ergänzt durch:
Arbeitsheft (mit oder ohne CD-ROM) ICH RECHNE MIT! – Klasse 4 und
Übungsheft ICH RECHNE MIT! – Klasse 4.
Methodische Hinweise für den Einsatz dieses Buches sind in den
Handreichungen für den Unterricht – Klasse 4 enthalten.
Jedem Buch liegen Arbeitsmaterialien aus Karton bei.
Diese können auch gesondert vom Verlag bezogen werden.

Erarbeitet von: Klaus-Peter Käding, Friedhelm Käpnick, Dieter Schmidt, Hans-Günter Senftleben

Redaktion: Peter Groß

Bildrecherche: Peter Hartmann

Bildnachweis:
Avenue Images (S. 137); Blümel/Mücka (S. 93 li.); Bundesanstalt für Wasserbau (S. 61); Cornelsen Verlag (S. 34, 143 u.); Deutsche Bahn AG (S. 136); M. C. Escher's „Relativity", © 2004 The M. C. Escher Company, Baarn Holland, all rights reserved (S. 143); Birgit Eschweiler/Berlin (S. 140); Fischer/Berlin; (S. 97); Golz/Zühlsdorf (S. 59, 66); Peter Hartmann/Potsdam (S. 4 o., 100 Mitte); Friedensreich Hundertwasser „Gelbe Häuser", aus Katalog: Friedensreich Hundertwasser, Regentag, Köln 1980/81 (S. 142); Klaus-Peter Käding/Neubrandenburg (S. 102); Klaeber/Berlin (S. 93 r.); König/Berlin (S. 19 li., 38); Kunst u. Scheidulin/Neukirchen (S. 83); Lau/Berlin (S. 39); Marko Leipold (S. 35); Machmüller/Berlin (S. 10, 56); Martin/Berlin (S. 11, 18); Minkusimages/Isernhagen (S. 48); NASA (S. 95); picture-alliance/dpa (S. 26/Führer, 138 o./Wittek), picture-alliance/ZB (S. 71/Lander, 138/Fotoreport); Dieter Schmidt/Potsdam (S. 69); Hans-Günter Senftleben/Regensburg (S. 142); Wiedl/Berlin (S. 61); Peter Wirtz/Dormagen (S. 4, 19 r., 28, 44, 67, 70, 82, 96, 99, 100 l. u. r., 101, 131, 141).

Illustration: Barbara Schumann, Susann Hesselbarth (Füchse), Kirsten Höcker (S. 113), Karl-Heinz Wieland (Vorsatz)
Layoutkonzept: Wladimir Perlin
Layout und technische Umsetzung, Grafik: Checkplot, Anker & Röhr

www.vwv.de

1. Auflage, 9. Druck 2014

© 2005 Cornelsen Verlag/Volk und Wissen Verlag, Berlin
© 2014 Cornelsen Schulverlage GmbH, Berlin

Das Werk und seine Teile sind urheberrechtlich geschützt.
Jede Nutzung in anderen als den gesetzlich zugelassenen Fällen bedarf
der vorherigen schriftlichen Einwilligung des Verlages.
Hinweis zu den §§ 46, 52a UrhG: Weder das Werk noch seine Teile dürfen ohne eine
solche Einwilligung eingescannt und in ein Netzwerk eingestellt oder
sonst öffentlich zugänglich gemacht werden.
Dies gilt auch für Intranets von Schulen und sonstigen Bildungseinrichtungen.

Druck: Stürtz GmbH, Würzburg

ISBN 978-3-06-080924-0

Geld

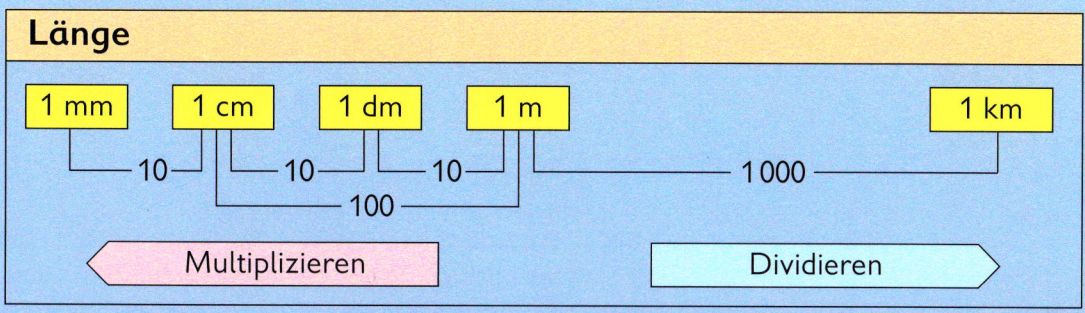

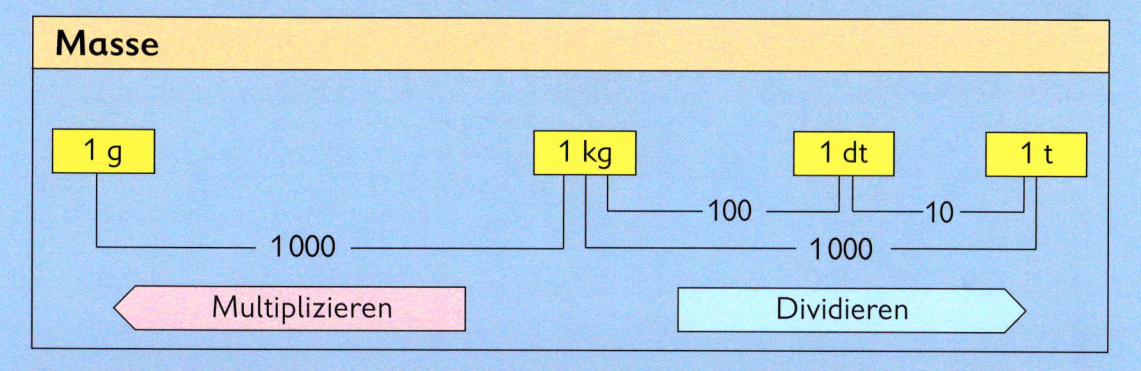

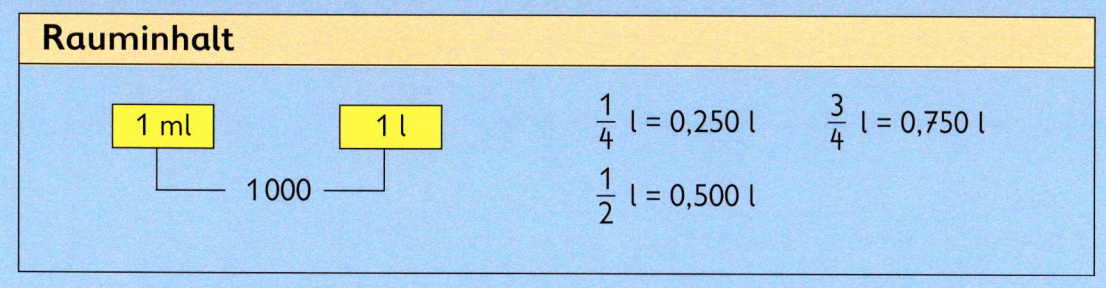

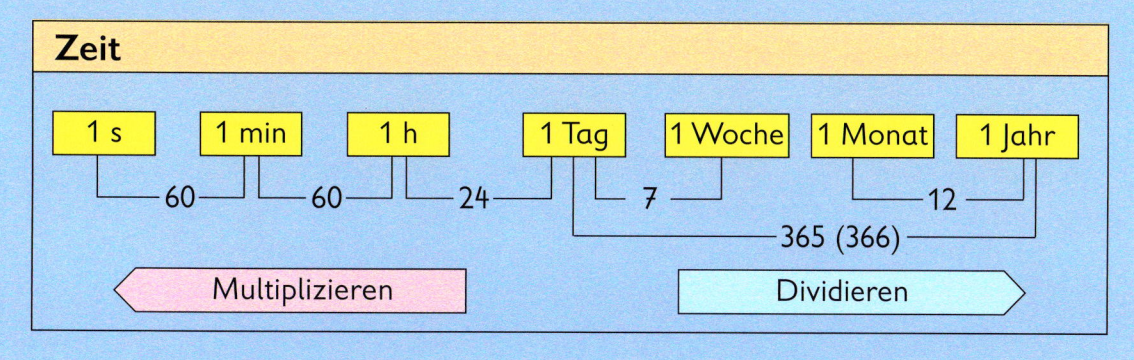

100 ct = 1 €

1 ct 2 ct 5 ct 10 ct 20 ct 50 ct 1 € 2 €

5 € 10 € 20 € 50 € 100 € 200 € 500 €

Länge

1 mm — 10 — 1 cm — 10 — 1 dm — 10 — 1 m — 1000 — 1 km
1 cm — 100 — 1 m

← Multiplizieren   Dividieren →

Masse

1 g — 1000 — 1 kg — 100 — 1 dt — 10 — 1 t
1 kg — 1000 — 1 t

← Multiplizieren   Dividieren →

Rauminhalt

1 ml — 1000 — 1 l

$\frac{1}{4}$ l = 0,250 l $\frac{3}{4}$ l = 0,750 l

$\frac{1}{2}$ l = 0,500 l

Zeit

1 s — 60 — 1 min — 60 — 1 h — 24 — 1 Tag — 7 — 1 Woche   1 Monat — 12 — 1 Jahr
1 Tag — 365 (366) — 1 Jahr

← Multiplizieren   Dividieren →

Vierecksarten

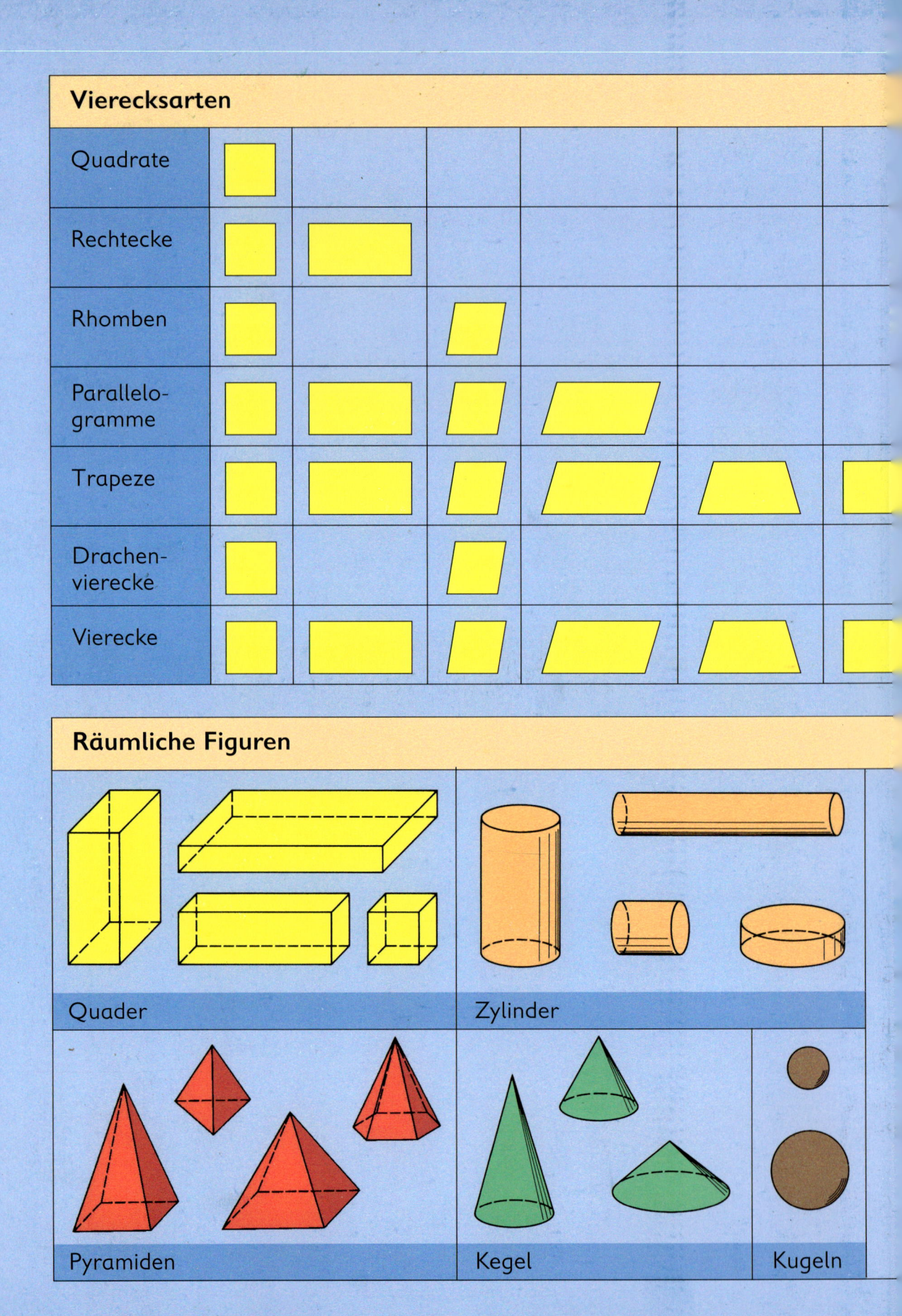

Quadrate	■					
Rechtecke	■	▬				
Rhomben	■		◆			
Parallelogramme	■	▬	◆	▰		
Trapeze	■	▬	◆	▰	⏢	⏢
Drachenvierecke	■		◆			
Vierecke	■	▬	◆	▰	⏢	⏢

Räumliche Figuren

Quader	Zylinder	
Pyramiden	Kegel	Kugeln